Andreas Brüschweiler

—

Kernbotschaften des Frühchristentums

Andreas Brüschweiler

Kernbotschaften des Frühchristentums

Neue Einblicke durch Origenes und Didymos

Königshausen & Neumann

Mein besonderer Dank gilt Sir John Fisher für seine finanzielle Unterstützung der vorliegenden Forschungsarbeit.

Bibliografische Information der Deutschen Nationalbibliothek

Die Deutsche Nationalbibliothek verzeichnet diese Publikation in der Deutschen Nationalbibliografie; detaillierte bibliografische Daten sind im Internet über http://dnb.d-nb.de abrufbar.

Gedruckt auf säurefreiem, alterungsbeständigem Papier
Umschlag: skh-softics / coverart
Umschlagabbildung: Heinrich Ferdinand Hofmann: Christ and the Rich Young Ruler, 1889
Wikicommons: https://en.wikipedia.org/wiki/Heinrich_Hofmann_(painter)#/media/File:Hoffman-ChristAndTheRichYoungRuler.jpg (Letzter Zugriff: 21.09.2022)

Printed in Germany
ISBN 978-3-8260-7717-3
www.koenigshausen-neumann.de
www.ebook.de
www.buchhandel.de
www.buchkatalog.de

Inhaltsverzeichnis

Einleitung

Studiert man die Werke der beiden bedeutenden frühchristlichen Theologen Origenes und Didymos, so stellt man mit Erstaunen fest, dass im frühen Christentum aus dem Alten und Neuen Testament ganz andere Kernbotschaften abgeleitet wurden, als die christlichen Kirchen der darauffolgenden Jahrhunderte verkündeten. Das frühchristliche Glaubensverständnis und die späteren Dogmen der irdischen christlichen Kirchen unterscheiden sich in den zentralsten theologischen Fragen grundlegend.

Während Jahrhunderten ist insbesondere den Mitgliedern der katholischen Kirche im Rahmen ihrer religiösen Erziehung vermittelt worden, dass auf der ganzen Menschheit wegen des Ungehorsams von Adam und Eva im Paradies die sog. „Erbsünde" gelastet habe, dass Jesus die Menschheit durch seine Erlösungstat von dieser Erbsünde befreit habe und dass Christus in der Zukunft wieder erscheinen werde, um im Rahmen des sog. Letzten Gerichts über die gesamte Menschheit zu richten; Resultat dieses Letzten Gerichts werde sein, dass ein Teil der Menschheit zu ewigen Höllenstrafen verurteilt werde. Nach diesem Glaubensverständnis besteht das Endziel des göttlichen Heils- und Erlösungsplanes somit nicht in der Errettung aller Menschen, sondern lediglich eines Teils der Menschheit, wobei den Ungläubigen die ewige Verdammnis droht. Da den Christen während Jahrhunderten von ihren Priestern und Religionslehrern eingeschärft wurde, dass dies die Quintessenz des Alten und Neuen Testaments sei, lesen sie die Bibel mit genau diesem Vorverständnis.

Ist ein bestimmtes Vorverständnis erst einmal im Geist eines einzelnen Menschen bzw. einer ganzen Religionsgemeinschaft zementiert, so besteht nur noch eine sehr geringe Wahrscheinlichkeit, dass überhaupt die Bereitschaft vorhanden ist, sich mit diesem Vorverständnis kritisch auseinanderzusetzen. In diesem Zusammenhang ist eine der interessantesten Fragen, auf welche Weise die einzelnen gläubigen Christen die Inhalte der Bibel heute verstehen würden, wenn sie nicht vom Vorverständnis der sog. „Erbsünde", des zukünftigen Letzten Gerichts und der ewigen Verdammnis geprägt worden wären. Kann es ein moderner Mensch mit seinem

Gerechtigkeitsverständnis in Einklang bringen, dass man Sünden „erbt"? Was würde ein moderner Mensch erwidern, wenn er für die Straftaten eines Vorfahren verhaftet und von einem staatlichen Gericht zu einer langjährigen Freiheitsstrafe verurteilt würde? Bestand der Sinn und Zweck von Christi Erdenleben und seines qualvollen Todes am Kreuzes tatsächlich darin, uns von der von Adam und Eva geerbten Sünde zu befreien, wobei den Ungläubigen – trotz der Erlösungstat von Christus – in der Zukunft die ewige Verdammnis bevorsteht?

Dass diese Fragen mehr als nur berechtigt sind, wird dem gläubigen Christen spätestens dann bewusst, wenn ihm vor Augen geführt wird, dass zwei der bedeutendsten Theologen des frühen Christentums (d.h. Origenes und Didymos) gerade nicht vom Vorverständnis einer zukünftigen ewigen Verdammnis eines Teils der gesamten Menschheit geprägt waren, sondern eine wirkliche Frohbotschaft verkündeten: Gemäss ihren Auslegungen des Alten und Neuen Testaments bildet das Endziel des göttlichen Heils- und Erlösungsplanes die Heimführung *aller Geschöpfe* in das Reich Gottes. Im vorliegenden Werk soll aufgezeigt werden, auf welchen theologischen Grundlagen Origenes und Didymos diese Frohbotschaft verkündeten.

§ 1 Christus als der Urheber der in den Psalmen Davids enthaltenen Kernbotschaften

Die Psalmen Davids sind eine geistige Goldgrube, denn sie enthalten die Kernbotschaften des Christentums. Nach der Überzeugung der frühen Christen war kein Geringerer als Christus selbst der Urheber derjenigen Teile der Psalmen, in welchen diese Kernbotschaften festgehalten wurden: Christus offenbarte sich David persönlich, und im Rahmen dieser Offenbarungen legte er David dar, um welche Persönlichkeit es sich bei ihm – Christus – handelt, welche Stellung er in der göttlichen Welt innehat, unter wessen Gewaltherrschaft die gesamte Menschheit zur Zeit des Alten Testaments stand, welche Massnahmen Gott und Christus planten, um diese Gewaltherrschaft zu durchbrechen, und welches das Endziel des göttlichen Erlösungsplanes ist. In den Paragraphen 1–7 werden die Inhalte dieser Kernbotschaften – gestützt auf Erläuterungen der beiden bedeutenden frühchristlichen Theologen Origenes und Didymos, die sich nicht nur auf die Psalmen, sondern auch auf andere Teile des Alten und Neuen Testaments beziehen – der Reihe nach behandelt.

In diesem Kapitel soll auf der Grundlage einer Stelle aus dem Psalmenkommentar von Didymos aufgezeigt werden, aus welchem Grund die frühen Christen davon überzeugt waren, dass Christus persönlich der Urheber einiger der zentralsten Offenbarungen ist, die im Rahmen der Psalmen Davids festgehalten wurden. Die entsprechende Kommentarstelle weist den folgenden Inhalt auf:

> *Höre nun weiter: Dieser Psalm [der 21. nach der Zählweise von Didymos bzw. der 22. Psalm nach der Zählweise der Zürcher Bibel] hat nur eine Person. Die sprechende Person ist von Anfang bis Ende dieselbe. Es treten aber häufig in den Psalmen und in den prophetischen Büchern Wechsel der Personen auf, sowohl der sprechenden Personen als auch der angesprochenen als auch der Dinge, über die gesprochen wird; denn jeder Sprechende hat die Rolle des Verkündenden; und da er nicht aufs Geratewohl spricht, sondern zu Bestimmten, gibt es auch noch eine zweite Person, die dem Sprechenden zuhört, und einen Gegenstand, über den er spricht. Die sprechende Person ist also hier nur eine. Es sind aber von diesem Psalm im Neuen Tes-*

tament viele Aussprüche übernommen, da der Psalm von der Person des Heilandes gesprochen wird. Schon gleich die ersten Worte: „Mein Gott, mein Gott": Der Heiland hat diese Worte am Kreuz gesprochen (vgl. Mar 15, 34). Auch der Vers: „Sie teilten meine Kleider unter sich (Ps 22, 19; Mt 27, 35; Mar 15, 24; Lc 23, 34; Io 19, 24)", ist in den Evangelien als Ausspruch des Heilandes überliefert. Ferner die Worte: „Ich will deinen Namen meinen Brüdern kundtun (Ps 21, 23; Hebr. 2, 12)": Paulus hat im Brief an die Hebräer geschrieben, dass sie von der Person des Heilandes aus gesagt worden seien. Da wir nun also drei Zeugnisse aus unserem Psalm dafür haben, dass die Person des Heilandes die sprechende ist, muss man den ganzen Psalm als von seiner Person aus verkündet begreifen.[1]

Damit man die Tragweite dieser Ausführungen von Didymos erfassen kann, muss man sich zunächst vor Augen halten, wie die Frage der Urheberschaft des 22. Psalms in der modernen Theologie beantwortet wird. Moderne Theologen würden auf diese Frage antworten, dass nach der herkömmlichen Überlieferung diejenigen Psalmen, die in der Überschrift auf König David verweisen, diesem zugeschrieben werden (wobei mit dieser Formulierung offengelassen wird, ob David auch tatsächlich deren Urheber ist). Der Schlüssel für die Beantwortung der Frage, wer der tatsächliche Verfasser des Inhaltes des 22. Psalms ist, liegt in der Bibel selbst, und zwar im Hebräerbrief (Hebr. 2, 12; siehe Zitat von Didymos in der oben wiedergegebenen Stelle aus seinem Psalmenkommentar). Man muss diesen Brief und den 22. Psalm indes sehr genau studieren, um begreifen zu können, dass in diesem Brief offengelegt wird, wer den 22. Psalm tatsächlich gesprochen hat:

Der 22. Psalm enthält (in der Übersetzung der Zürcher Bibel) den folgenden Satz: „Verkünden will ich deinen Namen meinen Brüdern, inmitten der Gemeinde will ich dich preisen" (Psalm 22, 23). In Hebr 2, 12 wird auf folgende Weise auf diesen Satz Bezug genommen: „Und aus diesem Grunde schämt er [Christus] sich nicht, sie Brüder zu nennen, indem er sagt: „Ich will deinen Namen meinen Brüdern verkündigen; inmitten der Gemeinde will ich dich preisen." Mit diesen Erklärungen wird im Hebräerbrief offengelegt, dass es Christus selbst war, der diese im 22. Psalm festgehaltenen Worte sprach.

---

1 Psalmenkommentar I, S. 97.

Für einen modernen, von den herrschenden materialistischen Weltanschauungen beeinflussten Menschen ist die Vorstellung, dass Christus ungefähr eintausend Jahre vor seiner Menschwerdung den 22. Psalm sprach und seine Worte durch König David schriftlich festgehalten wurden, schlicht nicht nachvollziehbar. Auch moderne Christen geraten in einen Erklärungsnotstand, wenn man sie auffordert zu erläutern, wie man es sich denn vorzustellen habe, dass Christus – nach den Darlegungen im Hebräerbrief – den 22. Psalm gesprochen haben soll, und auf welche Weise König David das Gesprochene vernahm und festhielt. Demgegenüber geht aus der zitierten Stelle aus dem Psalmenkommentar von Didymos hervor, dass die frühen Christen offenbar keine Probleme damit hatten, den 22. Psalm als von der Person Christi aus verkündet zu begreifen. Daraus kann einerseits abgeleitet werden, dass sie Christus *als eigenständige Persönlichkeit* auffassten, die bereits vor ihrer irdischen Geburt existierte und in vielfältiger Weise im auserwählten Volk wirkte. Andererseits kann daraus geschlossen werden, dass die frühen Christen aufgrund ihres Glaubensverständnisses nachvollziehen konnten, dass die Propheten des Alten Bundes über diejenigen geistigen Fähigkeiten verfügten, die erforderlich waren, damit durch sie die Prophezeiungen des Alten Testaments (insbesondere durch Christus persönlich) vermittelt werden konnten. Im Rahmen der vorliegenden Untersuchung kann das Thema, auf welche Weise die Propheten des Alten Bundes die Inhalte ihrer Weissagungen nach dem frühchristlichen Glaubensverständnis empfingen, nicht vertieft behandelt werden. Gegenstand der folgenden Kapitel bilden vielmehr die Kernbotschaften des Frühchristentums, die insbesondere aus den Psalmen Davids abgeleitet wurden.

§ 2 Christi Persönlichkeit

Durch die Übergabe der Zehn Gebote an Mose wurde im Alten Bund der Monotheismus gesetzlich verankert (im ersten Gebot). Die Israeliten glaubten an den einen, allmächtigen Gott. Der christliche Glaube unterscheidet sich von den anderen monotheistischen Religionen dadurch, dass in ihm der Glaube an Jesus Christus und dessen Erlösungstat eine zentrale Stellung einnimmt. Im Christentum bildete daher die Frage, welches Verhältnis zwischen Gott und Christus besteht, von jeher eines der theologischen Kernthemen. Dank der Inhalte von zwei Psalmen, die von David festgehalten und uns überliefert wurden, besitzen wir Kenntnis davon, auf welche Weise Christus persönlich David offenbarte, um welche Persönlichkeit es sich bei ihm – Christus – handelt und welche Stellung er im Reiche Gottes innehat. Der Wortlaut der entsprechenden Passagen dieser beiden Psalmen lautet folgendermassen:

> *[Psalm 2, 2–7] Könige der Erde stehen auf, und Fürsten ratschlagen miteinander wider den Herrn und seinen Gesalbten: „Lasst uns zerreissen ihre Bande und von uns werfen ihre Fesseln!" Der im Himmel thronet, lacht, der Herr spottet ihrer. Alsdann redet er sie an in seinem Zorn, und in seinem Grimme schreckt er sie: „Habe doch ich meinen König eingesetzt auf Zion, meinem heiligen Berge!" Kundtun will ich den Beschluss des Herrn: er sprach zu mir: „Mein Sohn bist du; ich habe dich heute gezeugt."*

> *[Psalm 21, 2–4] Herr, es freut sich der König deiner Kraft, ob deiner Hilfe – wie jubelt er laut! Du hast ihm seines Herzens Wunsch gewährt und ihm nicht verweigert der Lippen Begehr. Denn du kamst ihm entgegen mit Segen und Glück, setztest aufs Haupt ihm die goldene Krone.*

Aus diesen beiden Stellen geht hervor, dass es sich beim Gesalbten (altgriechisch Christos) um den Sohn Gottes handelt, der von Gott im Himmel als König eingesetzt wurde. Um die tiefere Bedeutung dieser in den Psalmen 2 und 21 festgehaltenen Offenbarungen über die Persönlichkeit Christi[2] erfassen zu können, benötigt man weitergehende theologische Unterweisungen. In den folgenden Kapiteln soll aufgezeigt werden, auf welche Weise Origenes – einer der bedeutendsten Gelehrten des Frühchristentums – die Gläubigen über die Persönlichkeit Christi unterrichtete.

I. Christus als eigenständige Persönlichkeit

Im Vorwort zu seinem grundlegenden Werk „De principiis" hält Origenes im Zusammenhang mit dem Beginn der göttlichen Schöpfung Folgendes fest:

> *Die einzelnen Punkte aber, die durch die apostolische Verkündigung deutlich überliefert werden, sind folgende: Erstens: dass ein Gott ist, der alles geschaffen und geordnet hat und der alle Dinge aus dem Nichtsein ins Sein gerufen hat.*[3]
> *Sodann, dass Jesus Christus, eben der, der gekommen ist, vor jeder Schöpfung aus dem Vater geboren ward.*[4]

Indem Origenes Gott als „ungezeugt" und Christus als „den von einem solchen Vater Erzeugten" (Contra Celsum VIII 13) charakterisiert, unterscheidet er klar und deutlich zwischen der Person Gottes und Christi Persönlichkeit. Im Folgenden soll aufgezeigt werden, auf welch brillante Weise Origenes seinen Lesern im Rah-

---

2 Dass sich der Inhalt von Psalm 2, 7 auf den Sohn Gottes und damit auf Christus bezieht, wird in Hebr 1, 1–5 auf folgende Weise festgehalten: „Nachdem Gott vorzeiten zu vielen Malen und auf vielerlei Weise zu den Vätern geredet hat durch die Propheten, hat er am Ende dieser Tage zu uns geredet durch den Sohn, den er zum Erben von allem eingesetzt hat, durch den er auch die Welten gemacht hat, der, weil er Abglanz seiner Herrlichkeit und Ebenbild seines Wesens ist und das Weltall durch sein machtvolles Wort trägt, sich zur Rechten der Majestät in den Höhen gesetzt hat, nachdem er die Reinigung von den Sünden vollbracht hatte, und er ist um so viel erhabener geworden denn die Engel, als er ihnen voraus einen vorzüglicheren Namen ererbt hat. Denn zu welchem von den Engeln hat er [Gott] jemals gesagt: „Mein Sohn bist du, ich habe dich heute gezeugt"?"

3 De principiis I praef. 4, S. 87.

4 De principiis I praef. 4, S. 89.

men seiner Auslegung der ersten beiden Sätze des Johannesevangeliums erläutert, dass es sich bei Gott und Christus um zwei eigenständige Persönlichkeiten handelt:

Gemeinhin wird der erste Satz des Johannesevangeliums in einer Weise ins Deutsche übertragen, die beim Leser den Eindruck erweckt, dass nach dem Wortlaut der Bibel das „Wort“ (d.h. Christus) Gott sei („im Anfang war das Wort, und das Wort war bei Gott, und das Wort war Gott“). Demgegenüber legt Origenes als profunder Kenner des Bibeltextes dar, welchen Sinn diese zentralen Aussagen von Johannes tatsächlich haben. Dabei leitet er seine diesbezüglichen Erläuterungen mit den folgenden Worten ein:

> *Gewiss wohlbedacht und nicht wie einer, der die griechische Sprachgenauigkeit nicht versteht, gebraucht Johannes manchmal die Artikel und manchmal lässt er diese fort. Zu „Logos“ [Wort] setzt er das „der“, zur Bezeichnung „Gott“ aber setzt er es manchmal, manchmal lässt er es aber fort. Er setzt aber den Artikel, wenn der Ausdruck „Gott“ der ungewordenen Ursache des Alls zugeordnet wird, er lässt ihn fort, wenn der Logos „Gott“ genannt wird.*[5]

Um diese Darlegungen von Origenes verstehen zu können, muss einem diejenige Eigenheit der altgriechischen Sprache bekannt sein, auf welche Origenes hier Bezug nimmt: Im Gegensatz zur deutschen Sprache, in welcher vor ein zählbares Substantiv entweder der bestimmte oder der unbestimmte Artikel gesetzt wird, verwendeten die alten Griechen wohl den bestimmten Artikel (z.B. das Wort), aber sie gebrauchten keinen unbestimmten Artikel, um unbekannte oder nicht bestimmte Objekte bzw. Subjekte zu bezeichnen, sondern beschränkten sich in diesen Fällen auf die blosse Nennung des entsprechenden Substantivs (z.B. „Wort“ im Sinne von „ein Wort“). Im Altgriechischen bedeutet „theos“ (Gott) somit „ein Gott“ und nicht „der Gott“. Daher ist der erste Satz des Johannesevangeliums folgendermassen zu übersetzen: „Im Anfang war das Wort, und das Wort war bei Gott, und das Wort war *ein* Gott [im Sinne von „göttlichen Wesens“].“ Im Kontext der heiligen Schrift, die unbestrittenermassen auf dem Monotheismus gründet, mag zwar die Formulierung „ein Gott“ auf den ersten Blick seltsam erscheinen, doch Origenes führt im Rahmen seiner

[5] Johanneskommentar II 2, S. 111.

folgenden Erläuterungen eine Stelle aus dem Alten Testament an, in welcher ausdrücklich von „Göttern“ die Rede ist, und erklärt, in welchem Sinne die Bibel von dem einzigen Gott auf der einen Seite und von „Göttern“ auf der anderen Seite spricht:

> *Und das, was viele, die darum beten, fromm zu sein, verwirrt, die Bedenken tragen, dass zwei Götter verkündet werden, und dadurch in falsche und gottlose Lehren fallen, indem sie entweder die Besonderheit des Sohnes als eine andere als die des Vaters leugnen und stattdessen bekennen, dass er der Gott sei, der nur dem Namen nach von ihnen „Sohn“ genannt wird, oder aber die Gottheit [göttliche Wesensart] des Sohnes leugnen und seine Besonderheit und sein Wesen als umschriebenes als ein anderes als das des Vaters setzen, kann von hier aus gelöst werden. Man muss ihnen nämlich sagen, dass da „der Gott“ Selbstgott ist, weswegen auch der Heiland im Gebet an den Vater sagt: „Damit sie dich als allein wahren Gott erkennen“, dass aber alles, was ausser dem Selbstgott durch Teilhabe an seiner Gottheit Gott geworden ist, im eigentlicheren Sinne nicht „der Gott“, sondern „Gott“ genannt werden sollte [d.h. von seinem Wesen her göttlich], wobei ganz und gar der „Erstgeborene aller Schöpfung“ ehrwürdiger ist und den übrigen Göttern ausser ihm – deren Gott der Gott ist, nach dem Wort: „Der Gott der Götter, der Herr, sprach und er rief die Erde“ (Ps 49, 1) – hilft, Götter zu werden, weil er ja als erster durch das Bei-Gott-Sein „das Gott-Sein“ von der Gottheit in sich selbst zog, aus Gott schöpfend, um sie zu vergöttlichen, neidlos auch jenen nach seiner eigenen Güte mitteilend.*[6]

Der Sinn dieser – zugegebenermassen nicht leicht verständlichen – Darlegungen von Origenes ist folgender: Aus der im Psalm 49 verwendeten Formulierung „der Gott der Götter, der Herr“ geht hervor, dass in der hohen jenseitigen Welt der Ausdruck „Gott“ nicht nur zur Bezeichnung des Vaters aller Geschöpfe gebraucht wurde, sondern dass auch hohe jenseitige Persönlichkeiten, die unter der Anleitung von Christus ihr Wesen derart verfeinerten, dass sie (bis zu einem gewissen Grad) göttlicher Tugenden teilhaftig wurden, als „göttliche Wesen“ bzw. „Götter“ bezeichnet wurden. Origenes betont aber, dass diese Wesen im Verhältnis zum Erstgeborenen aller Schöpfung (d.h. Christus) und erst recht zu Gott weniger ehrwürdig sind. Wenn nun bereits im Zusammenhang mit diesen

---

6 Johanneskommentar II 2, S. 111.

„göttlichen Wesen“, die unter der Anleitung von Christus zu „Göttern“ wurden, im Alten Testament der Ausdruck „Gott“ verwendet wurde, so ist es erst recht angebracht, wenn Christus zu Beginn des Johannesevangeliums als „ein Gott“ bezeichnet wird, um seine göttliche Wesensart hervorzuheben. Vor diesem Hintergrund sind die Lehren derjenigen Monotheisten fehl am Platz, die wegen der Aussage von Johannes, Christus sei ein Gott, Bedenken tragen und aus diesem Grund entweder Christus und Gott gleichsetzen oder aber die göttliche Wesensart von Christus (d.h. seine Wesensgleichheit mit Gott) leugnen. Dabei hebt Origenes hervor, dass die altgriechische Formulierung „o theos“ (d.h. „der Gott“ mit dem bestimmten Artikel) allein dem „Selbstgott“ (d.h. der *ungewordenen* Ursache des Alls) vorbehalten ist.

In welchem Sinne Origenes die Wesensgleichheit von Christus mit Gott versteht (nämlich gerade nicht als *Identität* der Persönlichkeit, sondern nur als *Gleichheit* in Bezug auf die Wesensart, d.h. den Charakter und den Willen zum Guten) geht aus den beiden folgenden Stellen seiner Schrift „Contra Celsum“ hervor:

> *Es mag in der grossen Masse der Gläubigen einige geben, die abweichende Meinungen billigen und in ihrer Voreiligkeit annehmen, der Heiland sei der höchste, über allen waltende Gott. Wir aber haben eine solche Ansicht nicht, wir glauben ihm, wenn er sagt: „Der Vater, der mich gesandt hat, ist grösser als ich“. Deshalb dürften wir wohl auch nicht denjenigen, den wir jetzt „Vater“ nennen, „dem Sohne Gottes unterordnen“, wie Celsus verleumderischerweise uns vorwirft.*[7]

> *Wenn wir aber den Heiland als „[einen] Gott, das Wort“, und als „die Weisheit und Gerechtigkeit und Wahrheit“ betrachten, so sagen wir dann allerdings, dass er über alle Dinge, die ihm nach diesen Eigenschaften unterworfen sind, herrsche, aber durchaus nicht auch über „den ihn beherrschenden Gott und Vater“.*[8]

> *Wir verehren also den Vater der Wahrheit und den Sohn, „die Wahrheit“; es sind dies zwei der Natur nach, eins aber durch*

---

[7] Contra Celsum VIII 14, S. 315.

[8] Contra Celsum VIII 15, S. 316.

die Übereinstimmung und den Einklang und die Gleichheit des Willens.[9]

Somit besteht nach Origenes' Glaubenslehre bezüglich der Person und der Natur gerade keine Identität bzw. Einheit zwischen Gott und Christus, sondern Gott und Christus stimmen als zwei eigenständige Persönlichkeiten in ihrem Willen überein: Die Gleichheit ihrer Wesensart und ihres Willens führt dazu, dass sie dieselben hohen Ziele verfolgen.

Als weitere Belege dafür, dass Origenes die Persönlichkeit von Christus ganz klar und deutlich von Gottes Persönlichkeit unterschied, können die folgenden Stellen aus Origenes' Kommentar des Johannesevangeliums und aus seinem Werk „Über das Gebet" angeführt werden:

Und vielleicht bereitet der Heiland durch seine Gerechtigkeit das All zur rechten Zeit durch Wort und Ordnung und Strafen und durch – sozusagen – seine geistliche heilende Hilfe zu, dass es am Ende die Güte des Vaters erfassen kann. Diese Güte bedenkend sagt er zu dem, der zu dem Einziggeborenen „Guter Lehrer" sagt: „Du nennst mich gut? Niemand ist gut ausser einem, das ist Gott, der Vater" (Mc 10, 18). Gleiches haben wir andernorts gezeigt, und dass einer grösser ist als der Demiurg, indem wir den Demiurgen als Christus auffassten, und grösser als diesen den Vater.[10]

Und um noch anzunehmen, dass der Logos ein eigenes Umschriebensein hat, so dass er gleichsam für sich lebend ist, ist von den Mächten, nicht allein von einer Macht zu sprechen. „Das aber sagt der Herr der Mächte" steht nämlich an vielen Stellen, wobei gewisse geistige göttliche Lebewesen Mächte genannt werden, deren obere und vornehmere Christus war, indem er nicht allein „Weisheit Gottes", sondern „Macht" genannt wird. Wie nun die Mächte Gottes viele sind, deren jede durch Umschreibung gekennzeichnet ist, von denen sich der Heiland unterscheidet, so wird auch der Christus als Logos gedacht werden.[11]

Wenn Licht im einfachen Sinne hier der Heiland ist, in dem Katholischen Brief desselben Johannes aber zu lesen ist, dass

---

9 Contra Celsum VIII 12, S. 312.

10 Johanneskommentar I 35, S. 95.

11 Johanneskommentar I 39, 107.

Gott Licht ist (1Io 1,5), so meint vielleicht einer, von hier aus begründen zu können, dass es dem Sein nach keinen Unterschied zwischen Vater und Sohn gibt. Wer aber genauer darauf achtet und es verständiger ausdrückt, wird sagen, dass beides nicht dasselbe ist, das Licht, das in der Finsternis scheint und von ihr nicht aufgenommen wird [d.h. Christi Licht], und das Licht, in dem in keiner Weise Finsternis ist. Das Licht, das in der Finsternis scheint, geht in gewisser Weise auf die Finsternis los, und da es von ihr verfolgt und sozusagen bedroht wird, wird es nicht angenommen. Das Licht aber, in dem in keiner Weise Finsternis ist, scheint weder in der Finsternis noch wird es von ihr im Prinzip verfolgt, so dass es auch nicht wie ein Sieger deklariert wird, weil es nicht durch die verfolgende Finsternis ergriffen wird. Das dritte war das Licht, das das „wahrhaftige Licht" genannt wird. In diesem Sinne ist der Vater der Wahrheit, Gott, grösser und erhabener als die Wahrheit, und der der Vater der Sophia [d.h. Christus] ist, ist vorzüglicher als die Sophia und zeichnet sich vor ihr aus, und in diesem Sinne überragt er das, was „wahrhaftiges Licht" ist. Mit mehr Hilfe werden wir dadurch weiterkommen, dass es zwei Lichter, den Vater und den Sohn, bei David gibt, der im 35. Psalm sagt: „In deinem Lichte werden wir das Licht sehen" (Ps 35, 10). Dieses selbe Licht aber der Menschen, das in der Finsternis leuchtet, das wahrhaftige Licht, wird im Folgenden im Evangelium „Licht der Welt" genannt, indem Jesus sagt: „Ich bin das Licht der Welt" (Io 8, 12).[12]

Wenn wir verstehen, was Gebet eigentlich bedeutet, dann darf man zu keinem geschaffenen Wesen beten, auch nicht zu Christus selbst, sondern allein zum Gott des Alls und zum Vater, zu dem auch unser Erlöser selbst betete, wie wir oben dargelegt haben, und zu dem er uns zu beten lehrt. Denn als er die Worte hörte: „Lehre uns beten", lehrt er sie nicht, zu ihm zu beten, sondern zum Vater mit den Worten: „Vater unser im Himmel" usw. Wenn nämlich, wie ich an anderer Stelle gezeigt habe [Ioh. Comm. X 37, 246f.], der Sohn in seinem Wesen und in seiner Eigenart vom Vater verschieden ist, muss man entweder zum Sohn und nicht zum Vater oder zu beiden oder zum Vater allein beten. Zum Sohn und nicht zum Vater zu beten wird jeder, wer es auch sei, für völlig unmöglich und der Beobachtung widersprechend erklären. Im Gebet zu beiden würden wir die Wünsche offenbar im Plural vortragen und bei den Gebeten

---

12 Johanneskommentar II 23, S. 155ff.

sagen: „gewährt", „schenkt Wohltaten", „helft", „rettet" und Ähnliches mehr. Diese Ausdrucksweise überzeugt schon an und für sich nicht, noch kann jemand nachweisen, dass sie in den Schriften vorhanden ist und von irgendjemandem verwendet wird. Es bleibt also nur übrig, allein zu Gott, dem Vater des Alls, zu beten, aber nicht ohne den Hohenpriester, der vom Vater „mit einem Eid" eingesetzt wurde nach dem Schriftwort: „Er hat geschworen, und es wird ihn nicht reuen: Du bist Priester auf ewig nach der Ordnung des Melchisedek."[13]

Stimmt es etwa nicht mit seinen Worten überein: „Warum nennst du mich gut? Niemand ist gut ausser dem einen Gott, dem Vater", wenn er gesagt hätte: Warum betest du zu mir? Man darf allein zum Vater beten, zu dem auch ich bete.[14]

In den folgenden Kapiteln wird aufgezeigt, auf welche Weise Origenes gestützt auf das Alte und Neue Testament die Bedeutung sowie die Aufgaben von Christus in der gesamten Schöpfung ergründete und seinen Schülern und Lesern erläuterte.

II. Christus als der Anfang und Mittler der gesamten göttlichen Schöpfung

Ausgehend vom Anfang des Johannesevangeliums und von Sprüche 8, 22 erschloss Origenes die zentrale Stellung, die Christus in der gesamten göttlichen Schöpfung zukommt: Er ist nicht nur die erste vernunftbegabte Persönlichkeit, die Gott erschuf, sondern zugleich die einzige, die direkt aus Gott geboren wurde, d.h. die gesamte weitere göttliche Schöpfung wurde und wird durch Christus entfaltet, weshalb er der Mittler zwischen Gott und der gesamten göttlichen Schöpfung ist. Im Folgenden wird im Detail aufgezeigt, auf welche Weise Origenes diese zentralen Aspekte von Christi Persönlichkeit und Stellung erläutert:

In seinem Kommentar zum Johannesevangelium hebt Origenes hervor, dass Christus insofern als Anfang (altgriechisch „Arche") bezeichnet wird, als sich dieser Anfang auf die Entstehung

---

13 Über das Gebet 15, 1, S. 159ff.

14 Über das Gebet 15, 4, S. 161.

der gesamten göttlichen Schöpfung bezieht: Der Anfang aller Werke und Wege Gottes (d.h. der Entwicklung der göttlichen Schöpfung) ist Christus:

> *Entsprechend dem, dass durch die Arche etwas auf ein Entstehen Bezogenes bezeichnet ist, werden wir auch das von der Weisheit [d.h. Christus] in den Sprüchen Gesagte auffassen können: „Gott", so sagt die Weisheit nämlich, „schuf mich als Arche seiner Wege zu seinen Werken". Es kann jedoch auch mit dem Erstgenannten verbunden werden, d.h. wie auf „Weg" bezogen, weil gesagt ist: „Gott schuf mich als Arche seiner Wege" [Sprüche 8, 22].* [15]

Charakteristisch für die differenzierte Theologie von Origenes (in welcher die Persönlichkeit von Gott und Christus genau unterschieden werden) ist, dass sie präzise darlegt, inwiefern Gott und inwiefern Christus als „Anfang" zu bezeichnen sind:

> *Nicht unpassend wird auch jemand den Gott des Alls Arche nennen, indem er klar dahin vordringt, dass die Arche des Sohnes der Vater ist und die Arche der geschaffenen Dinge der Schöpfer (Demiurg) und so nun insgesamt die Arche des Seienden Gott ist.* [16]

Origenes begnügt sich nicht mit dieser Präzisierung, dass der Demiurg (d.h. Christus) wohl der Anfang der gesamten Schöpfung, Gott jedoch der Ursprung von Christus ist, weshalb streng genommen allein Gott als der Anfang und Ursprung von allem aufzufassen ist, sondern er erläutert im Detail das Verhältnis zwischen Gott, Christus und den weiteren erschaffenen Vernunftwesen. Seine diesbezüglichen Ausführungen sind indes ebenso komplex wie kompakt, weshalb sie ohne gewisse Vorkenntnisse über grundlegende Inhalte von Origenes' Theologie nicht nachvollziehbar sind. Im Folgenden wird daher zunächst auf diese Grundlagen eingegangen, bevor die entsprechenden Ausführungen von Origenes wiedergegeben werden.

Wenn Origenes von einem „logikon" (d.h. von einem vernunftbegabten Wesen bzw. Vernunftwesen) spricht, so muss man sich stets vor Augen halten, dass häufig nicht der irdisch-materielle Kosmos, sondern die hohe jenseitige Welt den primären Bezugs-

---

15 Johanneskommentar I 17, S. 55.
16 Johanneskommentar I 17, S. 55.

punkt seiner Theologie bildet. Dementsprechend sind mit „logika" (d.h. Vernunftwesen) nicht primär die Menschen, sondern die Persönlichkeiten der hohen jenseitigen Welt gemeint, welche zu einem Zeitpunkt erschaffen wurden, als der materielle Kosmos überhaupt noch nicht existierte. So hält Origenes strikt drei verschiedene „Anfänge" bzw. Epochen auseinander: Erstens die Erschaffung von Christus durch Gott, zweitens die Erschaffung der hohen jenseitigen Welt (d.h. der jenseitigen „Himmel und Erde") durch Christus und drittens die Erschaffung der irdischen Welt (d.h. des „Firmaments und des Trockenen") durch Christus. Dabei betont Origenes, dass Christus sowohl älter als die irdische Welt als auch älter als die von ihm erschaffene, hohe jenseitige Welt ist:

> *Es kann aber auch der Ausdruck Arche als auf den Anfang der Welt bezogen verstanden werden, indem wir durch das Gesagte lernen, dass der Logos älter war als das von Anfang an Gewordene. Wenn nämlich „Gott am Anfang Himmel und Erde schuf", das aber, was „in der Arche war", deutlich älter als das am Anfang Geschaffene ist, so ist der Logos älter nicht allein als das Firmament und das Trockene, sondern auch als Himmel und Erde.* [17]

Wenn Origenes im Folgenden von „logika" (Vernunftwesen) bzw. „Göttern" und deren Verhältnis zu Gott und zu Christus spricht, so bezieht er sich nicht auf die dritte Epoche (d.h. auf die Erschaffung der irdischen Welt und der materiellen Menschen), sondern auf die zweite Epoche und damit auf die Schöpfung der hohen jenseitigen Welt. Im Zusammenhang mit dieser jenseitigen bzw. himmlischen Schöpfung setzt sich Origenes mit den beiden eng zusammenhängenden Fragen auseinander, inwiefern die jenseitigen Vernunftwesen, die nach Christus ins Dasein traten, von Gott und inwiefern sie von Christus erschaffen wurden (1) und ob Christus die Fähigkeit besitzt, allein (d.h. ohne Gottes Mitwirkung) ewiges Leben zu verleihen und damit völlig selbständig neue Lebewesen zu erschaffen (2). Aus den folgenden Darlegungen von Origenes kann abgeleitet werden, dass er die Frage (2) verneinte:

> *Von dem Gesagten aufsteigend ist auch das Wort „Ich lebe, spricht der Herr" zu bedenken, dass vielleicht vor allem nach dem über das Leben Gesagten das Leben im eigentlichen Sinne*

---

[17] Johanneskommentar II 4, S. 117.

allein Gott zukommt. Und siehe, ob nicht deswegen der Apostel, der im höchsten Übermass das Leben Gottes bedenkt und das Wort „Ich lebe, spricht der Herr" als Gottes würdig versteht, über Gott gesagt haben kann: „Der allein Unsterblichkeit hat", so dass keiner der Lebenden ausser Gott das gänzlich unveränderliche und unwandelbare Leben hat. Und was zweifeln wir über die übrigen, da doch selbst Christus nicht des Vaters Unsterblichkeit hatte?[18]

Wenn Origenes einerseits davon ausging, dass allein Gott die Fähigkeit besitzt, den erschaffenen Lebewesen ewiges Leben zu verleihen, Gott aber andererseits nach dem Zeugnis der Bibel die Erschaffung der hohen jenseitigen Welt Christus übertrug (insbesondere Joh. 1, 3 und Kol. 1, 16), so ist daraus zu folgern, dass nach Origenes' Theologie bei der Erschaffung der ersten jenseitigen Vernunftwesen zwei Phasen zu unterscheiden sind: Zunächst die Erschaffung der geistigen Leiber der Stammmütter und Stammväter aller nachfolgenden Vernunftwesen durch Christus (nach dem Vorbild der Vorgänge, die bei seiner eigenen Geburt aus Gott stattfanden) und daran anschliessend die Verleihung des ewigen Lebens durch Gott (durch einen lebensspendenden, ewigen Funken, der direkt aus Gott stammt). Hält man sich diese Hintergründe bzw. Grundlagen von Origenes' Theologie vor Augen, so werden seine folgenden, sehr komplexen Erläuterungen verständlich: In einem ersten Schritt stellt Origenes im Sinne einer Begriffsdefinition klar, dass er im Folgenden unter dem „Bild Gottes" den Erstgeborenen und damit Christus versteht, dessen „Arche" bzw. Ursprung Gott selbst ist:

Darüber hinaus ist Arche auch das „gemäss" als nach der Idee, und zwar so: Wenn wirklich der Erstgeborene aller Schöpfung Bild des unsichtbaren Gottes ist, dann ist seine Arche der Vater.[19]

In einem zweiten Schritt legt Origenes dar, dass das Verhältnis zwischen Christus und den von ihm erschaffenen Vernunftwesen der hohen jenseitigen Welt mit dem Verhältnis zwischen Gott und Christus vergleichbar ist: So wie Christus als das „Bild Gottes" aus Gott geboren wurde und Gott damit die „Arche" bzw. der Ur-

---

18 Johanneskommentar II 17, S. 147.

19 Johanneskommentar I 17, S. 55.

sprung von Christus ist, so ist Christus die „Arche“ bzw. der Ursprung der von ihm erschaffenen Vernunftwesen:

> *In gleicher Weise ist auch Christus Arche derer, die nach dem Bilde Gottes [d.h. Christus] geworden sind.*[20]

Über die genauen Vorgänge bei der Erschaffung der Vernunftwesen der hohen jenseitigen Welt durch Christus macht Origenes keine näheren Ausführungen, aber aus seinem Vergleich des Verhältnisses zwischen Gott und Christus auf der einen Seite und des Verhältnisses zwischen Christus und den von ihm erschaffenen Vernunftwesen auf der anderen Seite kann geschlossen werden, dass die Stammmütter und Stammväter dieser Vernunftwesen in der gleichen Weise aus Christus erschaffen wurden, wie Christus aus Gott geboren wurde. Dementsprechend hebt Origenes hervor, dass Christus das urbildliche Bild der „Abbilder“ (d.h. der durch ihn erschaffenen Vernunftwesen der hohen jenseitigen Welt) ist, Gott jedoch der „Prototyp“ der „Götter“:

> *Wahrer Gott ist nun „der Gott“, die aber nach jenem geformten Götter sind wie Abbilder des Prototyps. Aber wiederum vieler Abbilder urbildliches Bild ist der Logos bei dem Gott, der in der Arche war und durch das Sein bei Gott immer [ein] Gott bleibt, und er hätte das nicht, wenn er nicht bei Gott wäre, und er bliebe nicht [ein] Gott, wenn er nicht in ununterbrochener Schau der väterlichen Tiefe verharrte.*[21]

Ein weiteres Mal betont Origenes, dass das Verhältnis zwischen dem Logos (d.h. Christus) und den „logika“ (d.h. den von ihm erschaffenen Vernunftwesen) mit dem Verhältnis zwischen Gott und dem Logos vergleichbar ist; darüber hinaus weist Origenes darauf hin, dass auch das Verhältnis zwischen Gott und den Vernunftwesen mit dem Verhältnis zwischen Christus und den Vernunftwesen verglichen werden kann, wobei sowohl Gott eine Quelle für alle Vernunftwesen ist (insbesondere weil sie direkt von Gott den „Gottesfunken“ erhalten haben, der ihnen ewiges Leben verleiht) als auch Christus den Platz einer Quelle aller Vernunftwesen zukommt (weil sie aus seinem Leibe stammen und insbesondere von ihm den „logos“ (d.h. die Vernunft und das logische Denken) geerbt haben:

---

[20] Johanneskommentar I 17, S. 55.
[21] Johanneskommentar II 2, S. 111ff.

Bei dem Logos in jedem nämlich der Logika verhält sich dieser Logos zu dem Logos in der Arche, dem Logos-Gott, der bei Gott ist, ebenso wie der Gott-Logos zu Gott. Wie sich nämlich der Selbstgott und wahre Gott, der Vater, zu dem Bild [d.h. Christus] und den Bildern des Bildes [d.h. den von Christus erschaffenen Vernunftwesen] – daher sagt man, dass die Menschen „nach dem Bilde", aber nicht „Bilder" sind – verhält, so verhält sich der Selbstlogos zu dem Logos in jedem. Beide nehmen den Platz einer Quelle ein, der Vater die der Gottheit, der Sohn die des Logos.[22]

Ganz im Sinne seines präzisen Denkens unterscheidet Origenes klar zwischen „dem Logos" (d.h. Christus) und „dem Logos in den Logika" (d.h. der in den vernunftbegabten Wesen innewohnenden Fähigkeit, vernunftgemäss und logisch zu denken), die sie von Christus geerbt haben:

Wie an allen diesen Stellen sich „der Gott" und „Gott" [d.h. ein göttliches Wesen] unterscheiden, so unterscheiden sich vielleicht auch „der Logos" und „Logos". Auf die Weise, auf die der Gott über allem „der Gott" und nicht einfach „Gott" [d.h. ein göttliches Wesen] ist, so ist die Quelle des Logos in jedem der Logika [d.h. der vernunftbegabten Wesen] „der Logos" [d.h. Christus], wobei aber der Logos in jedem Logikon nicht im eigentlichen Sinne gleich dem ersten Logos als „der Logos" bezeichnet und genannt würde.[23]

Ein Charakteristikum von Origenes' Theologie ist, dass an gewissen Stellen grosse Zurückhaltung geübt wird, wobei Origenes oftmals offenlässt, ob diese Zurückhaltung auf eigene Unsicherheiten bei der Auslegung der heiligen Schrift zurückzuführen ist oder ob er damit verhindern will, dass gewisse (in der heiligen Schrift nur andeutungsweise enthaltenen) Offenbarungen Unwürdigen in die Hände fallen. Ein Paradebeispiel für Origenes' Zurückhaltung ist die folgende Stelle aus seinem Johanneskommentar, in welcher er andeutet, dass das erste Vernunftwesen, das Christus erschuf, derjenige Erzengel ist, der später zum Urheber des sog. „Engelsturzes" wurde (zum Engelsturz siehe § 3 I.):

Ich glaube aber, dass das Gemeinte deutlicher bei Iob ausgesagt wird, in dem Wort „Das ist die Arche des Gebildes des Herrn,

---

[22] Johanneskommentar II 3, S. 113.
[23] Johanneskommentar II 2, S. 111.

geschaffen, um von seinen Engeln verlacht zu werden". Es mag schon einer das so auffassen, dass von den im Werden der Welt anzutreffenden Dingen in der Arche der Himmel und die Erde geschaffen wurden. Besser aber ist es nach dem an zweiter Stelle Gesagten, dass, da es doch vieles ist, was in Körper gekommen ist, als erster der genannte Drache im Körper war, der irgendwo auch das grosse Ungeheuer genannt wird, das der Herr überwältigte. Und man muss beachten, dass, wenn das Leben der in der Seligkeit der Heiligen Lebenden völlig immateriell und unkörperlich war, der besagte Drache dadurch hervorstach, dass er vom reinen Leben abfiel und vor allen anderen in die Materie und den Körper gebannt wurde, so dass deswegen der Herr durch Sturm und Wolken redend sagt: „Das ist die Arche des Gebildes des Herrn, geschaffen, um von seinen Engeln verlacht zu werden". Es ist aber möglich, dass der Drache nicht schlechthin der Anfang des Gebildes des Herrn ist, sondern, da viele in den Körper gekommen sind, um von den Engeln verspottet zu werden, dass dieser die Arche von jenen vielen sei, während doch manche nicht auf diese Weise des Abfalls im Körper sein können.[24]

Gott verlieh Christus – dem einzigen, direkt aus ihm geborenen Vernunftwesen (das aus diesem Grund auch „eingeborener Sohn" Gottes genannt wird) – eine Bedeutung in seinem Schöpfungsplan und eine Stellung in der hohen jenseitigen Welt, welche der Mensch mit seinem beschränkten Vorstellungsvermögen nur schwer zu erfassen vermag: Gott liess (und lässt) Christus nicht nur die gesamte Schöpfung gestalten, sondern er setzte ihn zugleich als König über sämtliche erschaffenen Wesen ein. In den beiden folgenden Kapiteln wird aufgezeigt, auf welche Weise Origenes diese beiden zentralen Aspekte von Christi Stellung hervorhebt.

III. Christus als der Gestalter der gesamten Schöpfung

Origenes kündet mit folgenden Worten davon, dass Gott als die Quelle und der Ursprung allen Lebens durch Christus nicht nur die Vernunftwesen der hohen jenseitigen Welt, sondern die gesam-

---

[24] Johanneskommentar I 17, S. 53.

te hohe jenseitige Welt und sehr viel später den materiellen Kosmos erschaffen liess:

Und alles, was der Vater ihm geboten, hat, wie wir glauben, das Wort [d.h. Christus] gemäss dem Auftrag gemacht. Und wir sagen dies nicht etwa auf Grund eigener Erwägung, sondern vielmehr im festen Glauben an die Weissagungen, die bei den Juden verbreitet sind. In diesen heisst es nämlich von Gott und seinen Werken wörtlich so: „Er sprach, und sie sind geworden; er gebot, und sie wurden geschaffen." Wenn Gott gebot, und die Werke geschaffen wurden, wer dürfte wohl nach dem Sinne des prophetischen Geistes fähig gewesen sein, diesen gewaltigen Auftrag des Vaters auszuführen, wenn nicht der, welcher sozusagen beseeltes Wort und „Wahrheit" war?[25]

Er [d.h. Christus] diente bei der Schöpfung aller Dinge dem Vater – denn „durch ihn ist alles geschaffen" (Joh. 1, 3).[26]

Nun ist alles, was geschaffen ist, durch Christus und in Christus geschaffen, wie es heisst; das sagt der Apostel Paulus ganz klar mit den Worten (Kol. 1, 16): „Denn in ihm und durch ihn ist alles geschaffen, was im Himmel und auf Erden ist, das Sichtbare und das Unsichtbare, es seien Throne oder Herrschaften oder Fürstentümer oder Obrigkeiten, es ist alles durch ihn und in ihm geschaffen." Auch Johannes drückt im Evangelium dasselbe aus, wenn er sagt (Joh. 1, 1–3): „Im Anfang war das Wort, und das Wort war bei Gott, und [ein] Gott war das Wort; dieses war im Anfang bei Gott. Alle Dinge sind durch dieses gemacht, und ohne es ist nichts gemacht." Auch in den Psalmen steht geschrieben (Ps. 103 [104], 24): „Alles hast du in Weisheit gemacht." Da nun Christus, wie er das Wort und die Weisheit ist, so auch die „Gerechtigkeit" ist (vgl. 1 Kor. 1, 30), folgt daraus notwendig, dass man das, was im Wort und in der Weisheit gemacht wurde, auch als in der Gerechtigkeit, welche Christus ist, gemacht bezeichnen muss. Somit muss man unter dem, was gemacht ist, nichts als ungerecht oder zufällig betrachten, sondern lehren, dass alles so ist, wie es die Norm der Billigkeit und Gerechtigkeit fordert.[27]

In den uns überlieferten Schriften von Origenes sind keine Angaben über die Zeiträume enthalten, in welchen die hohe jenseitige

---

[25] Contra Celsum II 9.

[26] De principiis I Praef. 4, S. 89.

[27] De principiis II 9, 4f., S. 407ff.

Welt durch Christus erschaffen und insbesondere mit vernunftbegabten Persönlichkeiten bevölkert wurde. In seiner Schrift „Contra Celsum“ weist Origenes darauf hin, dass es sich um eine unermesslich grosse Zahl von Vernunftwesen handelt, welche in der hohen jenseitigen Welt ins Leben gerufen wurden (“Myriaden von Engeln“, Contra Celsum VIII 5). Nach Origenes' Erkenntnissen haben die geistigen Leiber aller Vernunftwesen ihren Ursprung (direkt oder indirekt) in Christus (siehe § 2 II.), und die Bevölkerung der hohen jenseitigen Schöpfung besteht aus verschiedenen Stämmen bzw. Völkern:

> *Die geistigen Israeliten [d.h. die Vernunftwesen der hohen jenseitigen Schöpfung] aber, deren Vorausbild (Typus) die leiblichen waren, – stammen sie etwa nicht aus Sippen, und kommen die Sippen etwa nicht aus Stämmen und die Stämme aus einem Einzigen, der allerdings nicht eine solche leibliche, sondern eine höhere Geburt besitzt? [...] Denn jeglicher Ursprung der Geschlechter, die tiefer stehen als der Gott des Alls, hat bei Christus angefangen; er ist nach dem Gott und Vater des Alls in der gleichen Weise Vater jeder Seele, wie Adam Vater aller Menschen ist.*[28]

> *In diesem selbständigen Sein der Weisheit [d.h. Christus] waren nun alle Kräfte und Gestaltungen für die künftige Schöpfung enthalten, sowohl für die primär seienden als auch die sekundär zufällig entstehenden Dinge, (Gestaltungen,) die durch die Kraft des Vorherwissens vorgeformt und angelegt waren. Weil also in der Weisheit gleichsam Skizzen und Vorbilder für die Geschöpfe lagen, sagt die Weisheit durch Salomo von sich selbst, sie sei „geschaffen als Anfang der Wege Gottes“, da sie nämlich in sich selbst Ursprünge, Pläne und Arten der ganzen Schöpfung enthält.*[29]

> *Andererseits sind auch wir nach einem Bilde geworden und haben den Sohn als Urbild, gewissermassen als Wahrheit, der schönen Bilder in uns. Und das gleiche, was wir im Verhältnis zum Sohn sind, ist er selbst im Verhältnis zum Vater, der die (eigentliche) Wahrheit ist.*[30]

---

[28] De principiis IV 3, 7, S. 751.
[29] De principiis I 2, 2, S. 125ff.
[30] De principiis I 2, 6, S. 137.

IV. Christus als der König der hohen jenseitigen Schöpfung

Welche hohe Stellung Gott seinem eingeborenen Sohn verlieh, bringt Origenes in den folgenden Abschnitten deutlich zum Ausdruck; darin hebt er hervor, dass die Herrschaft Christi in der hohen jenseitigen Welt nicht auf Gewalt und Zwang, sondern auf Vernunft und Weisheit beruht:

> *Damit aber klarer verstanden werde, was die „Herrlichkeit" der Allmacht sei, fügen wir noch folgendes hinzu: Gott Vater ist allmächtig dadurch, dass er die Herrschaft über alle Dinge hat, über Himmel und Erde, Sonne, Mond und Sterne und alles, was darinnen ist (vgl. Ps. 145 [146], 6). Die Herrschaft darüber übt er durch sein Wort [d.h. durch Christus] aus, da ja „im Namen Jesu jedes Knie sich beugt derer, die im Himmel, auf Erden und unter der Erde sind" (Phil. 2, 10). Und wenn sich jedes Knie vor Jesus beugt, dann ist es zweifellos Jesus, „dem alles untertan ist", und er selbst ist es, der in allem die Herrschaft ausübt und „durch den alles dem Vater untertan ist" (vgl. 1 Kor. 15, 27f.): Denn es ist durch die Weisheit, d.h. durch den Logos (Wort und Vernunft), nicht durch Gewalt und Zwang unterworfen. Und so liegt eben darin, dass er alles beherrscht, seine Herrlichkeit; sie ist die „reinste und klarste Herrlichkeit" der Allmacht, weil alles durch Logos und Weisheit, nicht durch Gewalt und Zwang unterworfen ist.*[31]

> *Auf diese Weise wird nämlich das Wort wahr, das er [Christus] selber zum Vater spricht (Joh. 17, 10): „Alles was mein ist, ist dein, und was dein ist, ist mein, und ich bin darin verherrlicht." Wenn alles, was dem Vater zukommt, auch Christus zukommt und der Vater unter allem, was er ist, auch allmächtig ist, so muss ohne Zweifel auch der eingeborene Sohn allmächtig sein, damit alles, was der Vater hat, auch der Sohn habe.*[32]

Über welche unermesslich langen Zeiträume in der hohen jenseitigen Welt ständig weitere vernunftbegabte Wesenheiten in ihr ewiges Leben gerufen wurden und unter Christi Königtum in Ein-

---

[31] De principiis I 2, 10, S. 149ff.

[32] De principiis I 2, 10, S. 149.

tracht und Frieden zusammen lebten (zu jener Zeit existierte noch kein materieller Kosmos, sondern ausschliesslich die hohe geistige Welt), lässt sich nicht mit menschlichen Zeitbegriffen ausdrücken. Origenes enthält sich in diesem Zusammenhang denn auch jeglicher Zeitangaben. Er weist jedoch auf bestimmte Entwicklungen hin, die sich während dieser unfassbar langen Zeiträume des gemeinsamen Zusammenlebens unter dem Königtum Christi vollzogen: Da die Herrschaft von Christus nicht auf Gewalt und Zwang, sondern auf Vernunft und Weisheit beruht, bestand die *Möglichkeit* (aber keineswegs irgendeine Notwendigkeit) einer Auflehnung gegen die von Gott und Christus geschaffene Ordnung. Aus den folgenden Ausführungen von Origenes geht hervor, dass sich im Laufe der Zeit vernunftbegabte Persönlichkeiten von Christus entfremdeten:

> *Der eingeborene Sohn Gottes, durch den, wie wir oben gesehen haben, „alles geschaffen ist, das Sichtbare und das Unsichtbare" (vgl. Kol. 1, 16), hat nach der Aussage der Schrift alles gemacht und „was er machte, geliebt" (vgl. Weish. 11, 24). So hat er [...] allen Vernunftgeschöpfen in unsichtbarer Weise Anteil an sich gegeben; und zwar richtete das Mass dieses Anteils sich nach der Stärke der Liebe, mit der das betreffende Geschöpf ihm anhing. Nun kam es infolge der Willensfreiheit zur Verschiedenheit unter den Vernunftwesen, je nachdem, ob sie wärmere oder schwächere Liebe zu ihrem Urheber hegten, und zum Abstieg in die Leibeswelt.*[33]

Mit diesen Erklärungen ist Origenes auf nichts anderes als auf die grösste Katastrophe der Schöpfungsgeschichte zu sprechen gekommen, welche – nach weiteren negativen Entwicklungen – die Erschaffung des materiellen Kosmos notwendig machte. Um die geistigen Ursachen dieser Katastrophe und deren weitreichenden Folgen verstehen zu können, sind verschiedene Informationen notwendig: Der gläubige Christ sollte ein Wissen darüber besitzen, von welcher Persönlichkeit die Auflehnung gegen das Königtum Christi ausging, von welchen Motiven diese geleitet war und welches Schicksal sie und ihre zahlreiche Anhängerschaft ereilte. Origenes hebt mit den folgenden Worten hervor, dass ein Christ, der

---

33 De principiis II 6, 3, S. 361ff.

dieses Wissen nicht besitzt, niemals fähig ist, den Ursprung des Bösen zu erkennen:

> *Nach unserer Meinung aber wird keiner imstande sein, „den Ursprung des Bösen zu erkennen", der nicht eine Untersuchung über das Wesen des sogenannten „Teufels und seiner Engel" anstellt: was er war, ehe er Teufel wurde, und wie er Teufel geworden ist, und welches die Ursache war, dass diejenigen, die als seine Engel bezeichnet werden, mit ihm abfielen.*[34]

In den folgenden Kapiteln wird aufgezeigt, auf welche Weise Origenes diese Untersuchung anstellte und welche Erkenntnisse er aufgrund der Informationen, die in der Bibel enthalten sind, gewinnen konnte.

[34] Contra Celsum IV 65.

§ 3 Die Ursachen für die Erschaffung der materiellen Welt

I. Die Entstehung und Verbreitung des Bösen und der sog. „Engelsturz“

Nach der religiösen Überzeugung von Origenes ist allein Gott seinem eigenen Wesen nach vollkommen gut, und eine Veränderung seines Charakters ist in Ewigkeit ausgeschlossen; bei Christus, seinem eingeborenen Sohn, hätte zwar theoretisch die Möglichkeit bestanden, dass er sich im Laufe der Zeit von seinem Vater entfremdet und Untugenden entwickelt hätte; allein, durch das seit einer unermesslich langen Zeitspanne währende, vollkommen harmonische Verhältnis zwischen dem Vater und dem Sohn hat Christus das Gute derart tief in seine Seele aufgenommen, dass bei ihm eine Veränderung seines Charakters zum Schlechteren ebenfalls undenkbar geworden ist. Im Unterschied zu Gott und Christus ist bei sämtlichen von ihnen erschaffenen Vernunftwesen der hohen jenseitigen Welt das Gute nicht derart tief in ihren Persönlichkeiten verankert, dass sie zu dessen Erhaltung keiner Unterweisungen und keiner Unterstützung bedürften.[35] Nach Origenes besteht eine wesentliche Aufgabe von Christus darin, als König der Geisterwelt Gottes sämtliche vernunftbegabten Wesen im Guten und Schönen anzuleiten und damit ihre Seelen zum vollkommen Guten, d.h. zu Gott, zu erheben. In diesem Sinne ist Christus nicht nur auf Erden, sondern auch in der hohen jenseitigen Welt „das lebendige Brot“. Wer aufhört, an diesem lebendigen Brot Anteil zu nehmen, verliert mit der Zeit den Bezug zum Guten bzw. Göttlichen und damit die Schwungkraft seiner Seele:

> *Das Böse rührt von einigen her, die [einstmals als Vernunftwesen in der hohen jenseitigen Welt] ihre Seelenschwingen verloren hatten und dem gefolgt waren, der seine Schwingen zuerst eingebüsst hatte. Denn es war nicht möglich, dass die gleiche Beschaffenheit wie das wesenhaft Gute auch dasjenige hatte,*

[35] Siehe hierzu De principiis I 5, 5.

was nur unter den gegebenen Verhältnissen und als Folgeerscheinung gut ist; dies dürfte wohl dem niemals fehlen, der sozusagen zu seiner eigenen Sicherung „das lebendige Brot" an sich nimmt. Wenn es aber einem fehlt, so geschieht dies seiner Schuld entsprechend, da er es mit der Anteilnahme an „dem lebendigen Brot" und an dem wahren Trank zu leicht genommen hat. Denn hierdurch genährt und getränkt wird die Schwungkraft (der Seele) hergestellt, wie dies auch der weise Salomo bezeugt, wenn er von dem wahrhaft Reichen sagt: „Denn er bereitete sich Flügel wie ein Adler und kehrt zurück in das Haus seines Gebieters."[36]

Aufgrund von Informationen, die Origenes aus zentralen Stellen des Alten Testaments gewann, war es ihm möglich, präzise darzulegen, wer „seine Schwingen zuerst eingebüsst hatte", aus welchen Motiven heraus diese Persönlichkeit ihre „Anteilnahme an dem lebendigen Brot" verlor und aus welchen Gründen sich ihm eine sehr umfangreiche Anhängerschaft anschloss. Im Folgenden wird im Detail aufgezeigt, auf welche Bibelstellen sich Origenes stützte und welche Erkenntnisse er aus ihnen gewann.

Origenes brachte Jesaia 14, 9ff. in unmittelbaren Zusammenhang mit derjenigen Persönlichkeit, die in der hohen jenseitigen Welt ihre „Schwingen zuerst eingebüsst hatte". Diese berühmte Stelle des Alten Testaments lautet folgendermassen:

Das Totenreich drunten geriet in Aufruhr ob dir, als du nahtest; es jagte die Schatten auf um deinetwillen, alle Fürsten der Erde, liess aufstehen von ihren Thronen alle Könige der Völker. Sie alle heben an und sprechen zu dir: „Auch du bist schwach geworden wie wir, uns bist du gleich geworden!" Ins Totenreich ist gestürzt deine Hoheit und das Rauschen deiner Harfen; auf Moder bist du gebettet, und Würmer sind deine Decke. Wie bist du vom Himmel gefallen, du strahlender Morgenstern! Wie bist du zu Boden geschmettert, du Besieger der Völker. Du hattest bei dir gesprochen: „Zum Himmel empor will ich steigen, hoch über den Sternen Gottes aufrichten meinen Sitz, will thronen auf dem Götterberg im äussersten Norden! Ich will über Wolkenhöhen emporsteigen, dem Höchsten mich gleichstellen!"[37]

---

[36] Contra Celsum VI 43f., S. 154f.

[37] Jesaja 14, 9ff.

Aus dieser Stelle des Alten Testaments geht hervor, aus welchen Motiven sich der „Morgenstern“ (d.h. Luzifer) einst als hohes jenseitiges Vernunftwesen von Christus entfremdete: Von einem unglaublichen Stolz und Hochmut getrieben, wollte er die Stellung von Christus als König der hohen jenseitigen Welt für sich selbst beanspruchen und damit das Königtum des Gottessohnes stürzen[38] (“ich will thronen auf dem Götterberg!“). Indem er sich anmasste, selbst bestimmen zu können, wer der König über alle geschaffenen Vernunftwesen sein solle, beanspruchte er für sich die Entscheidungsgewalt Gottes und wollte sich in diesem Sinne ihm gleichstellen (“Ich will über Wolkenhöhen emporsteigen, dem Höchsten mich gleichstellen!“). Im Rahmen seiner Interpretation dieser berühmten Stelle aus dem Alten Testament hebt Origenes hervor, dass sich die von Luzifer angezettelte Erhebung gegen das Königtum Christi in der *hohen jenseitigen* Welt abspielte und dass alle diejenigen, die sich als Vernunftwesen in der hohen jenseitigen Welt von Luzifer betören liessen und ihm in seiner Bosheit nachfolgten, von Gott (im Rahmen des sogenannten „Engelsturzes“) aus dem Himmel verbannt und unter die Herrschaft ihres Anführers im Reich der Finsternis gestellt wurden:

---

[38] Die Verfälscher von Origenes’ grundlegendem Werk „De principiis“ entfernten zwar diejenigen Stellen, in welchen Origenes präzise erläuterte, dass Ursache des sog. Engelsturzes eine Auflehnung gegen Christi Stellung als König der hohen jenseitigen Welt war, doch gingen sie bei ihren „Säuberungen“ glücklicherweise – aus der heutigen Sicht eines Wahrheitssuchenden – nicht gründlich genug vor. So geht aus dem folgenden, noch erhaltenen Passus hervor, dass Origenes lehrte, dass die Ursache des Abstieges eines Teils der Vernunftwesen aus der für den Menschen unsichtbaren, hohen jenseitigen Welt (und damit des sog. Engelsturzes) eine Abwendung von Christus bildete:

„Der eingeborene Sohn Gottes, durch den, wie wir oben gesehen haben, „alles geschaffen ist, das Sichtbare und das Unsichtbare“ (vgl. Kol. 1, 16), hat nach der Aussage der Schrift alles gemacht und „was er machte, geliebt“ (vgl. Weish. 11, 24). So hat er, der selbst das unsichtbare „Bild des unsichtbaren Gottes“ (vgl. Kol. 1, 15) war, allen Vernunftgeschöpfen in unsichtbarer Weise Anteil an sich gegeben; und zwar richtete das Mass dieses Anteils sich nach der Stärke der Liebe, mit der das betreffende Geschöpf ihm anhing. Nun kam es infolge der Willensfreiheit zur Verschiedenheit unter den Vernunftwesen, je nachdem, ob sie wärmere oder schwächere Liebe zu ihrem Urheber hegten, und zum Abstieg in die Leibeswelt“ (De principiis II 6, 3, S. 361ff.).

Auch hier wird ganz deutlich ausgesagt, dass vom Himmel gefallen ist der, der vorher der Morgenstern war und in der Frühe aufging. Denn wenn er, (der Teufel) wie einige glauben, von der Natur der Finsternis war, wie kann er dann vorher der Morgenstern gewesen sein? Und wie konnte er in der Frühe aufgehen, wenn er nichts Lichtartiges in sich hatte? Aber auch der Erlöser belehrt uns über den Teufel, indem er sagt (Luk. 10, 18): „Seht, ich sehe den Satan vom Himmel fallen wie einen Blitz"; denn einst war er Licht. Unser Herr, der die Wahrheit ist, vergleicht ebenfalls die Gewalt seiner eigenen glorreichen Ankunft mit dem Blitz; er sagt (Luk. 17, 24): „Denn wie der Blitz von einer Gegend unter dem Himmel bis zur anderen blitzt, so wird das Kommen des Menschensohnes sein." Auch jenen (den Teufel) vergleicht er ebenso (wie den Menschensohn) mit einem Blitz und sagt, er sei vom Himmel gefallen, um damit zu zeigen, dass auch er einst im Himmel war, einen Platz unter den Heiligen hatte, teilhatte an dem Licht, an dem alle Heiligen teilhaben, auf Grund dessen sie „Engel des Lichtes" (vgl. 2 Kor. 11, 14) werden und die Apostel vom Herrn „das Licht der Welt" (vgl. Matth. 5, 14) genannt werden. So war auch dieser einst Licht, bevor er sündigte und an diesen Ort herabstürzte und seine Herrlichkeit zu Asche wurde (vgl. Jes 14, 11 und Hes. 28,18). Das ist im eigentlichen Sinne (das Los) der Gottlosen, wie auch der Prophet sagt. Daher wurde er auch „Fürst dieser Welt" (vgl. Joh. 12, 31; 14, 30; 16, 11), d.h. des irdischen Wohnortes, genannt; denn er führte die Herrschaft über die, die seiner Bosheit nachfolgten; denn „diese ganze Welt" – mit Welt meine ich jetzt diesen irdischen Ort – „liegt im Bösen" (vgl. 1 Joh. 5, 19), das heisst in diesem Abtrünnigen. Dass er aber „der Abtrünnige" ist, sagt auch der Herr im Buche Hiob mit folgenden Worten (vgl. Hiob 40, 25 und 26, 13): „Und du wirst den Drachen, den Abtrünnigen, am Haken ziehen." Gewiss ist hier unter dem Drachen der Teufel zu verstehen. Die Gegenmächte werden also „Abtrünnige" genannt und sollen einst „ohne Makel" gewesen sein.[39]

Origenes legt anhand einer weiteren, zentralen Stelle aus dem Alten Testament dar, dass sich die Auflehnung gegen das Königtum Christi einst in der *hohen jenseitigen* Welt abspielte. Diese Bibelstelle weist folgenden Inhalt auf:

---

[39] De principiis I 5, 5, S. 211ff.

Und es erging an mich [Ezechiel] das Wort des Herrn: Menschensohn, hebe ein Klagelied an über den König von Tyrus und sprich zu ihm. So spricht Gott der Herr: Du warst das urbildliche Siegel, voll Weisheit und von vollendeter Schönheit. In Eden, dem Gottesgarten, warst du, warst bedeckt von allerlei Edelsteinen: Karneol, Topas und Jaspis, Chrysolith, Soham und Onyx, Saphir, Rubin und Smaragd, und von Gold war die Arbeit der Fassung und der Vertiefungen an dir. An dem Tage, da du geschaffen wurdest, wurden sie eingesetzt. Dem schützenden Cherub gesellte ich dich bei auf dem heiligen Gottesberge, du warst inmitten feuriger Steine. Du wandeltest unsträflich in deinen Wegen von dem Tage deiner Erschaffung an, bis Unrecht an dir erfunden ward. Bei deinem mächtigen Handel [mit dem Morgenstern] fülltest du dein Inneres mit Frevel und versündigtest dich. Da stiess ich dich aus dem Heiligtum des Gottesberges hinaus, und es trieb dich der schützende Cherub aus der Mitte der feurigen Steine hinweg. Dein Herz hatte sich überhoben ob deiner Schönheit, du hattest deine Weisheit um deines Glanzes willen zerstört. Auf die Erde schleuderte ich dich hinab, vor Könige gab ich dich hin, dass sie ihre Lust an dir schauten. Durch die Grösse deiner Schuld, durch die Ungerechtigkeit in deinem Handel hattest du mein Heiligtum entweiht; darum liess ich aus seiner Mitte ein Feuer hervorbrechen, das dich verzehrte, und ich machte dich zu Asche auf der Erde vor den Augen aller, die dich sahen.[40]

Im Rahmen seiner Interpretation von Ezechiel 28, 11ff. hebt Origenes hervor, dass die bösen Mächte (d.h. Vernunftwesen, die sich im Himmel von Luzifer betören liessen und – wie im vorliegenden Fall der Fürst von Tyrus – zu seinen Gefolgsleuten wurden) nicht von Natur als böse Mächte geschaffen sind, sondern sich aus freien Willensentscheidungen vom Guten (d.h. von Christus und Gott) abgewandt hatten:

Beim Propheten Hesekiel finden wir zwei Prophezeiungen, die an den Fürsten von Tyrus gerichtet sind. Von der ersten könnte man vielleicht annehmen, wenn man die zweite noch nicht gehört hat, sie beziehe sich auf einen Menschen, der Fürst von Tyrus war. Darum wollen wir zunächst nichts aus dieser ersten heranziehen. Die zweite ist augenscheinlich derart, dass sie in keiner Weise von einem Menschen zu verstehen ist, sondern

---

[40] Ezechiel 28, 11–18.

von einer höheren Kraft, die von der Höhe herabstürzte und in das Niedere und Schlechtere verstossen wurde. Aus ihr wollen wir darum den Beleg entnehmen, der den augenscheinlichen Beweis liefert, dass diese entgegengesetzten, bösen Mächte nicht von Natur als solche geschaffen sind, sondern vom Besseren zum Schlechteren gelangt und ins Geringere verwandelt worden sind; ferner dass die seligen Kräfte nicht von einer solchen Wesensart sind, die das Gegenteil nicht aufnehmen könnte, sei es aus bewusstem Wollen oder aus Nachlässigkeit und mangelnder Vorsicht in der Bewahrung ihres seligen Zustandes. Denn wenn es von dem sogenannten „Fürsten von Tyrus" heisst, dass er „unter den Heiligen" und „ohne Tadel" war und „im Paradiese Gottes" weilte, „mit der Krone der Herrlichkeit und Schönheit geschmückt", wie könnte man dann ein solches Wesen für geringer halten als irgendeines der heiligen (Wesen)? Ja, von ihm selber heisst es, er sei „die Krone der Herrlichkeit und Schönheit" gewesen, sei „im Paradiese Gottes gewandelt ohne Tadel"; und wie kann man dann glauben, dass er nicht einer von jenen heiligen und seligen Kräften gewesen ist, denen man in ihrer Seligkeit keine anderen Würden zuschreiben kann als ebendiese?[...] Das bedeutet doch, dass von jemand die Rede ist, der nicht auf der Erde war, sondern erst auf die Erde geworfen wurde und dessen Heiligtum geschändet wurde, wie es heisst. Diese (Aussagen) über den Fürsten von Tyrus aus der Prophezeiung Hesekiels, die sich, wie wir gezeigt haben, auf die Gegenmacht beziehen, beweisen ganz klar, dass diese Macht vorher heilig und selig war und aus dieser Seligkeit, nachdem in ihr Missetat gefunden wurde, niederstürzte und zur Erde sank, und dass sie nicht von Natur und durch die Schöpfung von solcher Art gewesen ist. Wir glauben also, dass diese Aussagen sich auf einen Engel beziehen, der die Aufgabe erhalten hatte, das Volk der Tyrier zu regieren, und dem auch die Sorge für ihre Seelen anvertraut war. Welches Tyrus freilich und welche Seelen von Tyriern wir darunter zu verstehen haben: das Tyrus in der Provinz Phönikien oder ein anderes, dessen Abbild das irdische ist; und die Seelen dieser irdischen Tyrier oder derer, die jenes geistig verstandene Tyrus bewohnen, das ist an dieser Stelle nicht zu erforschen; denn es soll nicht scheinen, als wollten wir so bedeutende und verborgene Dinge im Vorübergehen untersuchen, für die eine eigene Abhandlung erforderlich ist.[41]

[41] De principiis I 5, 4, S. 205ff.

In seinem umfangreichen Lebenswerk hat Origenes nicht nur die Ursprünge des Bösen aufgezeigt, sondern auch dargelegt, wohin diejenigen Persönlichkeiten von Gott verbannt wurden, die sich als Vernunftwesen in der hohen jenseitigen Welt vom „Morgenstern" betören liessen und ihm in seiner Bosheit nachfolgten. Zum Schicksal dieser Wesen (zu denen insbesondere die gesamte Menschheit gehört) führt Origenes in seiner Homilie 1 zum Buch Genesis Folgendes aus:

> *Nun aber heisst es: „Finsternis lag über dem Abgrund." Was ist der Abgrund? Natürlich der Ort, in dem der Teufel und seine Engel [nach ihrer Verbannung aus der hohen jenseitigen Welt] liegen werden*[42]*. Dies bringt ja auch das Evangelium ganz klar zum Ausdruck, wenn es vom Erlöser heisst: „Und die Dämonen, die er austrieb, baten ihn, er solle sie nicht heissen, in den Abgrund zu fahren."*[43]
>
> *Ein jeder von euch trachte also danach, dass er zur Scheidelinie werde zwischen dem Wasser, das oben ist, und dem, das unten ist, damit er dadurch Einsicht und Anteil erlange am geistigen Wasser, das über dem Gewölbe ist, und „aus seinem Bauch Ströme" „lebendigen Wassers" fliessen lasse, „das ins ewige Leben sprudelt" – zweifelsohne geschieden und getrennt von dem Wasser, das unten ist, das heisst vom Wasser des Abgrunds, in dem, wie es heisst, die Finsternis liegt, in dem, wie oben dargelegt, „der Fürst dieser Welt" und der Widersacher, der Drache und seine Engel, hausen.*[44]

Diesen „Abgrund", in welchem der ehemalige „Morgenstern" und seine mit ihm aus der hohen jenseitigen Welt verbannte Anhängerschaft hausen, bezeichnet Origenes in seiner Homilie 6 zum Ersten Buch Samuel explizit als *Unterwelt.*

Die Erkenntnisse über den Ursprung des Bösen, welche die führenden frühchristliche Theologen – allen voran Origenes – aus

---

[42] Da die Stelle aus dem Alten Testament, die Origenes hier kommentiert, von der Zeit vor dem sog. „Engelsturz" handelt, gebraucht er die Zukunftsform ("in dem der Teufel und seine Engel liegen werden"). Im folgenden Zitat, welches sich auf die Zeit nach dem Engelsturz – d.h. auf die Gegenwart – bezieht, verwendet Origenes die Präsensform („in dem „der Fürst dieser Welt" und der Widersacher, der Drache und seine Engel, hausen").

[43] Homilie 1, 1 zum Buch Genesis, S. 27ff.

[44] Homilie 1, 2 zum Buch Genesis, S. 31.

ihrem intensiven Studium des Alten und Neuen Testaments gewannen, hatten einen unmittelbaren Einfluss auf ihr Menschenbild. Im folgenden Kapitel werden die grundlegenden Unterschiede zwischen dem Menschenbild der führenden frühchristlichen Theologen und den (erst später entwickelten) kirchlichen Dogmen behandelt.

II. Das Menschenbild der führenden frühchristlichen Theologen

Der entscheidende Unterschied zwischen dem frühchristlichen Glaubensverständnis und den Dogmen, die auch heute noch in den christlichen Kirchen verbreitet sind, besteht darin, dass die führenden Theologen des Frühchristentums entschieden der Ansicht entgegentraten, die Persönlichkeit des Menschen entstehe erst mit dessen irdischer Geburt. So hält Didymos in seinem Kommentar zu Hiob Folgendes fest:

> *Da aber die Seele des Menschen nicht mit dem [irdischen] Körper gezeugt wird, geht sie auch nicht mit ihm zugrunde; denn sie ist unsterblich.*[45]

Damit unterscheidet sich das frühchristliche Menschenbild grundlegend vom Bild, das die heutigen christlichen Kirchen ihren Gläubigen vom Wesen des Menschen vermitteln: Die frühen Christen waren von der Präexistenz der Persönlichkeit des Menschen und damit von einem Leben jedes Einzelnen vor seiner irdischen Geburt überzeugt. Nach dem Glaubensverständnis der frühen Christen wurde die Persönlichkeit eines jeden Menschen vor Urzeiten in der hohen jenseitigen Welt erschaffen, und zwar als vernunftbegabtes Wesen mit einem freien Willen mit dem Ziel, dass sich dieser freie Wille nach dem Guten ausrichtet. Dementsprechend fassten die frühen Christen das Gute und Tugendhafte als das der eigentlichen, ursprünglichen Natur des Menschen Entsprechende auf – im Gegensatz zur Neigung des materiellen Menschen zur Sünde hin:

---

[45] Hiobkommentar IV.1, S. 149.

> *Zuerst also ist die Tugend da; denn betrachte, wohinaus die Rede läuft! Das vernünftige Wesen ist geworden, damit es Tugend habe; denn es ist nicht geworden, damit es Schlechtigkeit habe; denn sonst wäre ja unsere Tugend „Schlechtigkeit" und ein Abfall von ihr „Tugend". Was nun das Leben in der Materie betrifft, so beginnen fast alle mit der Sünde. Und nähme man an, dass sie Seele niemals vor dem Leben in der Materie existierte, dann hätte ihr Leben mit der Schlechtigkeit begonnen, und nicht mehr wäre die Sünde Sünde, sondern vielmehr die Tugend; denn von niemandem, der das seiner Natur Entsprechende und seinem Wesen Angemessene tut, sagt man, dass er sündigt.* [46]

Auf die grundlegendste theologische Frage, weshalb in der irdischen Welt derart viel Bosheit und Elend herrschen, wenn die Persönlichkeit jedes einzelnen Menschen von Gott in der hohen jenseitigen Welt als Vernunftwesen erschaffen wurde, vermochten die führenden Theologen des Frühchristentums eine klare Antwort zu geben: In der hohen jenseitigen Welt erhob sich vor Urzeiten ein hoher Geist aus Stolz und Eifersucht gegen Christi Königtum, und lange bevor das materielle Universum überhaupt entstand, vermochte dieser hohe Geist einen Teil der Vernunftwesen gegen Christus aufzuwiegeln. Diese vom sog. „Lichtträger" (lateinisch Luzifer) angestiftete Revolution gegen das Königtum Christi ist der Urgrund des Bösen, und in diesem Zusammenhang hält Didymos Folgendes fest:

> *Denn die Schlechtigkeit „war nicht im Anfang", heisst es, „noch wird sie in Ewigkeit sein" (Weisheit 14, 13).* [47]

Als der „Lichtträger" und seine Anhänger in der hohen jenseitigen Welt in ihrer Verblendung den Versuch unternahmen, das Königtum Christi gewaltsam zu stürzen, wurden sie von Gott aus den sog. „Himmeln" in den Hades gestürzt:

> *Auch den erzbösen Teufel stürzte Gott; denn es heisst: „Auch die Engel, die ihr Amt nicht innehielten, hat er in Finsternis gehalten" (Judas 6).* [48]

---

46 Psalmenkommentar III, S. 3ff.
47 Hiobkommentar IV.1, S. 189.
48 Hiobkommentar IV.1, S. 71.

Im Zusammenhang mit diesem sog. Engelsturz erläutert Didymos den im Alten Testament (Hiob 15, 15 b) enthaltenen Satz „und der Himmel ist vor Gott nicht rein“:

> *Wie die Sterne (vgl. Hiob 25, 5b) im Vergleich zu Gott, der das Licht ist und gar nichts Finsteres hat, so ist auch der Himmel nicht rein, zwar nicht schlechthin, sondern vor Gott. Man kann hier aber ebendiejenigen „Himmel“ nennen, die „ihre himmlische Wohnung verlassen haben“ (vgl. Judas 6), die Eliphaz „Gottes Kinder“ genannt hat, „gegenüber denen Gott keinen Glauben hat“ (vgl. Hiob 4, 18a). Bei Jesaias spricht Gott selbst: „Mein Schwert hat sich am Himmel berauscht“ (Jes 34, 5). „Schwert“ bezeichnet die Bestrafung. [...] Er sagt, dass sich das Schwert an den sündigen Engeln berauscht, wenn Gott über sie, die „Himmel“ genannt werden, die Strafe verhängt. Es ist also dieser Himmel, der vor Gott nicht rein ist.*[49]

Nach dem frühchristlichen Glaubensverständnis handelt es sich bei der gesamten Menschheit (d.h. bei allen Menschen, die in der Vergangenheit auf der Erde lebten und in der Zukunft auf der Erde leben werden) um „Gefallene“, d.h. um die ehemaligen Anhänger des sog. Lichtträgers, die mit ihm zusammen in den Hades bzw. in die Unterwelt verbannt wurden:

> *Wir haben schon am heutigen Tage gesagt, dass diejenigen, welche in die Grube hinabsteigen, die sind, die von oben hineingefallen sind; denn die Gruben sind keine Quellen; sie enthalten Wasser, das ihnen von irgendwoher zugeführt wird. Auch der Hades wird deswegen in der Schrift durchweg „Grube“ genannt, weil die herabgefallenen Seelen dorthin fallen.*[50]

Diese frühchristlichen Glaubensüberzeugungen bilden die Grundlage, auf welcher die führenden Theologen des Frühchristentums das Alte und Neue Testament interpretierten, was in den folgenden Kapiteln aufgezeigt werden soll.

---

[49] Hiobkommentar IV.1, S. 173.

[50] Psalmenkommentar III, S. 21.

§ 4 Die Situation der Menschheit vor der Erlösungstat Christi und der Sinn dieser Erlösungstat

I. Die Situation der Gestürzten vor der Erlösungstat

Gemäss den Erkenntnissen der führenden frühchristlichen Theologen befanden sich diejenigen Wesen, die im Rahmen des sog. Engelsturzes aus dem Reich Gottes (d.h. aus der hohen jenseitigen Welt) in den Hades verbannt wurden, vor der Erlösungstat Christi in grosser Bedrängnis, denn sie wurden von derjenigen Persönlichkeit, der sie einstmals in der hohen jenseitigen Welt in deren Kampf gegen Christi Königtum Gefolgschaft geleistet hatten, im Hades als Gefangene festgehalten. Der Weg zurück in die hohe jenseitige Welt war ihnen verschlossen. Dies bedeutete insbesondere, dass jede Person, die aus dem Hades in ein menschliches Leben trat, nach ihrem irdischen Tod wieder dorthin zurückkehren musste. Eine Auferstehung in die hohe jenseitige Welt war für die Bewohner des Hades somit ausgeschlossen (dieses Wissen war in zahlreichen vorchristlichen Religionen verankert). Die Lage der Menschheit und der Bewohner der Unterwelt vor Christi Erlösungstat beschreibt Didymos an mehreren Stellen seines Sacharja-Kommentars (von welchem leider nach wie vor keine deutsche Übersetzung vorliegt). Auf diese Stellen ist im Folgenden einzugehen.

Kurz und prägnant bezeichnet Didymos die gefallenen Wesen (und somit die Bewohner des Hades sowie die aus dem Hades inkarnierten Menschen) vor Christi Erlösungstat als „Arme“ (poor) und „Gefangene“ (captives):

> *It was, in fact, to bring good news to the poor that Jesus, who dwells in the midst of Sion, was anointed by the Holy Spirit and the power of God to proclaim release to its children held captive by invisible foes.*[51]

Die Gewaltherrscher im Hades (d.h. der gestürzte Lichtträger und die von ihm eingesetzten Führer in der Unterwelt) charakterisiert

---

[51] Sacharjakommentar 2, S. 62.

Didymos als „Herrscher und Autoritäten, die uns früher (d.h. vor der Erlösungstat Christi) belasteten“:

> *„He [Jesus] disarmed the rulers and authorities, publicly triumphing on the cross, erasing the record against us by tearing it up and setting it aside“ (Col 2.14–15), so as publicly to triumph and remove the rulers and authorities previously encumbering us.* [52]

Wie ausweglos die Lage der gestürzten Wesen vor Christi Erlösungstat tatsächlich war, beschreibt Didymos sehr treffend, wenn er sie als „vom Ruin betroffen infolge des Verstosses gegen das göttliche Gebot“ kennzeichnet:

> *Hence, if he [God] had spared his Son by not giving him up „to taste death on behalf of everyone“ (Rom 5, 14; 8, 32; Heb 2, 9), we would have remained in the grip of ruination through transgression of the divine commandment.* [53]

Im Folgenden soll aufgezeigt werden, auf welche Weise der frühchristliche Theologe Origenes den Gläubigen den Sinn und Zweck der Erlösungstat Christi basierend auf seinen Erkenntnissen über den sog. Engelsturz erläuterte.

II. Der Sinn und Zweck der Erlösungstat Christi

Ein vertieftes Verständnis vom Sinn einer bestimmten Tat als Reaktion auf eine vorangehende, langandauernde Entwicklung kann nur gewonnen werden, wenn man Kenntnisse von diesen vorangehenden Geschehnissen besitzt. Origenes vermochte seinen Schülern vernünftige und vor allem mit der Gerechtigkeit vollständig in Einklang stehende Gründe für Christi Erlösungstat darzulegen. Grundlage seiner diesbezüglichen theologischen Erläuterungen bildeten die Urzeiten zurückliegenden Geschehnisse in der hohen jenseitigen Welt: Im Rahmen des Aufstandes gegen Christi Königtum schloss sich ein Drittel aller Vernunftwesen dem „Morgen-

---

[52] Sacharjakommentar 3, S. 72.

[53] Sacharjakommentar 11, S. 265.

stern“ an, welcher die Forderung stellte, dass er anstelle von Christus der König in der hohen jenseitigen Welt werde (unter zahlreichen Versprechungen persönlicher Vorteile für seine Anhänger). Im Zuge dieses Aufstandes entstanden die zahlreichen Untugenden, mit welchen die Seelen der Anhänger des „Morgensterns“ belastet sind (insbesondere Ungehorsam gegenüber Gott, Stolz, Eifersucht, Ehrgeiz, Herrschsucht und Habgier). Nicht nur durch die Entwicklung dieser Untugenden banden sich diese Vernunftwesen an ihren Anführer, vielmehr traten sie im Verlauf des Aufstandes gegen Christi Königtum im Rahmen unzähliger Propagandamassnahmen tatkräftig für die Herrschaftsforderung ihres Anführers ein. Sie unterstellten sich somit freiwillig seiner Herrschaft, weswegen Gott sie nach ihrer Verbannung aus der hohen jenseitigen Welt in die Unterwelt unter der Herrschaft ihres obersten Rädelsführers beliess. Aufgrund der Geschehnisse in der hohen jenseitigen Welt besass der gefallene „Morgenstern“ in der Unterwelt einen Herrschaftsanspruch gegenüber seinen Anhängern, den er nun gewillt war, bis aufs Letzte zu verteidigen. Auf eindrückliche Weise beschreibt Origenes sowohl diese Verstrickungen als auch die Notwendigkeit eines Bahnbrechers, welcher die Netze des Teufels zugunsten aller Gefallenen überwindet, in der folgenden Stelle seines Kommentars zum Hohelied:

> *Das Leben der Sterblichen ist also voll von Schlingen der Versuchungen, voll von Netzen der Täuschungen, die jener gegen das Menschengeschlecht ausspannt, der ein Gigant vor dem Herrn, der Jäger Nimrod, genannt wird. Denn wer anders ist der wahre Gigant, wenn nicht der Teufel, der sogar gegen Gott rebelliert? Die Schlingen der Versuchungen und die Fallen der Hinterlist des Teufels werden also Netze genannt. Und da der Feind diese Netze überall ausgespannt hatte und sich fast alle darin verwickelt hatten, war es notwendig, dass einer kam, der stärker und mächtiger als diese war und sie zerriss, damit er denen, die ihm folgten, einen Weg eröffnen konnte. Deshalb wird also auch der Erlöser vom Teufel versucht, bevor er in die Verbindung und in die Gemeinschaft mit der Kirche eintrat, um nach Überwindung der Netze der Versuchungen durch diese hindurchzuschauen und sie durch sie hindurch zu sich zu rufen, womit er ohne Zweifel lehrte und ihr zeigte, dass sie nicht durch Musse und Vergnügungen, sondern durch viele Bedrängnisse und Versuchungen zu Christus kommen muss. Es gab also keinen anderen, der diese Netze hätte überwinden*

können. „Denn alle", so steht geschrieben, „haben gesündigt"; und desgleichen, wie die Schrift sagt: „Es gibt keinen Gerechten auf Erden, der das Gute getan und nicht gesündigt hat"; und ebenso: „Keiner ist rein von Schmutz, auch nicht, wenn sein Leben nur einen Tag dauerte." Es ist also allein unser Herr und Erlöser Jesus, der keine Sünde begangen hat. Vielmehr hat der Vater ihn für uns zur Sünde gemacht, damit er in der Ähnlichkeit mit dem Fleisch der Sünde durch die Sünde die Sünde verdammte. Er kam also zu diesen Netzen, doch einzig er konnte nicht in sie verwickelt werden. Vielmehr gibt er seiner Kirche, da er sie zerrissen und zerstört hat, die Zuversicht, es nunmehr zu wagen, die Schlingen zu zertreten und über die Netze hinwegzuschreiten und mit aller Heiterkeit zu sagen: „Unsere Seele wurde wie ein Sperling der Schlinge der Jäger entrissen. Die Schlinge wurde zerrissen, und wir wurden befreit." Wer aber hat die Schlinge zerstört, wenn nicht jener, der als einziger nicht darin festgehalten werden konnte? Freilich, ja, auch er war im Tode, doch freiwillig und nicht wie wir gezwungen von der Sünde. Er ist nämlich der einzige, der unter den Toten frei war.[54]

Unmittelbar im Anschluss an diese Stelle offenbart Origenes seinen Schülern und Lesern, welche unmittelbaren Folgen das Standhalten Christi während seines menschlichen Lebens und insbesondere während seiner Kreuzigung an seinem unverrückbaren Glauben an Gott und an seiner Stellung als Einziggeborener Gottes nach seinem Sterben hatte. Dabei gehen die entsprechenden theologischen Darlegungen von Origenes weit über das katholische Glaubensbekenntnis hinaus, in welchem zwar von einem Hinabsteigen Christi in die Unterwelt und von einer Auferstehung am dritten Tage nach der Kreuzigung die Rede ist, ohne jedoch den Gläubigen zu vermitteln, was Christus während dieser drei Tage in der Unterwelt tat. Demgegenüber gibt Origenes präzise Auskünfte über die Geschehnisse während dieser drei Tage, und erst diese Erläuterungen öffnen den Gläubigen die Augen für die Tragweite der Erlösungstat: Christus, der während seines menschlichen Lebens auf eine reine Verteidigung gegen die Angriffe der Unterwelt und ein Standhalten bis zum qualvollen Sterben beschränkt war, erhielt nach der Vollendung seines menschlichen Lebens von Gott die Macht, den Herr-

54 Hoheliedkommentar III 14, 27–32, S. 391.

scher der Unterwelt zu besiegen und die in der Unterwelt Gefangenen hinauszuführen. So führt Origenes wörtlich aus:

> *Und weil er [Christus] unter den Toten [d.h. den in die Unterwelt Verbannten, die vor der Erlösungstat Christi unter der Herrschaft des Teufels zu leben hatten] frei war, deshalb führte er, nachdem er den besiegt hatte, der die Herrschaft über den Tod innehatte, die Gefangenen heraus, die im Tode festgehalten wurden.*[55]

> *Wenn die Antwort demnach also lautet, dass Christus in die Unterwelt hinabgestiegen ist, werde ich fragen: Christus ist in die Unterwelt hinabgestiegen, um was zu tun? Um den Tod zu besiegen oder von ihm besiegt zu werden? Und er ist in jene Gefilde nicht wie ein Sklave derer, die sich dort befinden, hinabgekommen, sondern wie ein Herrscher, bereit zum Kampf.*[56]

Der Mensch mit seinem beschränkten Vorstellungsvermögen in Bezug auf die jenseitige Welt kann sich keinen Begriff vom Kampf machen, der notwendig war, um im Hades den Unterweltherrscher zu besiegen. Aus der Tatsache, dass der Einziggeborene Gottes ein solch schweres Erdenleben mit einem solch qualvollen Sterben auf sich nehmen musste, um von Gott die Macht zu erhalten, „die Schlinge des Todes zu zerstören", lässt sich erahnen, dass dem Unterweltherrscher die vollständige Vernichtung seiner Existenz gedroht hätte, wenn er sich nach Christi Sieg in der Unterwelt nicht ihm unterworfen und dessen Bedingungen (d.h. die Erlösung der in der Unterwelt Gefangenen) akzeptiert hätte. Origenes schildert präzise, welche Folgen die Erlösungstat Christi in der jenseitigen Welt hatte:

> *Nachdem er [Christus] den besiegt hatte, der die Herrschaft über den Tod innehatte, führte er die Gefangenen heraus, die im Tode festgehalten wurden. Und er erweckte nicht nur sich selbst von den Toten auf, sondern er erweckte zugleich auch die auf, die im Tode festgehalten wurden [...]. Denn während er in die Höhe aufstieg, führte er die Gefangenen mit sich.*[57]

> *Insbesondere war es vor der Ankunft meines Herrn Jesus Christus unmöglich, zum Baum des Lebens zu gelangen, war es*

---

[55] Hoheliedkommentar III 14, 32, S. 391.

[56] Die griechisch erhaltene Homilie zum Ersten Buch Samuel, 6, S. 219.

[57] Hoheliedkommentar III 14, 32f., S. 391ff.

unmöglich, an den Posten vorbeizukommen, die den Weg zum Baum des Lebens bewachen: „Er stellte die Cherubim auf und das gezückte Flammenschwert, damit sie den Weg zum Baum des Lebens bewachen." Wer konnte einen Weg bahnen? Wer konnte jemanden am Flammenschwert vorbeibringen?[58]

Seit Christi Erlösungstat hat der Unterweltherrscher insofern keinen Herrschaftsanspruch über seine (ehemaligen) Anhänger mehr, als er sie nicht mehr gegen ihren Willen in seinem Reich festhalten darf und die Tore zur hohen jenseitigen Welt geöffnet sind. Da sich die einzelnen Vernunftwesen im Rahmen der Auflehnung gegen Christi Königtum sowie nach ihrer Verbannung in die Unterwelt in unterschiedlichem Ausmass verschuldet hatten und ihre Seelen daher in unterschiedlichem Ausmass belastet sind, erfolgt die Rückkehr in ihre ursprüngliche geistige Heimat individuell und vor allem stufenweise und sukzessive. Der Heimweg jedes Einzelnen ist daher ja nach seiner Belastung und nach seinem guten Willen kürzer oder länger bzw. leichter oder beschwerlicher. An einer Stelle seines überlieferten Werkes „De principiis" beschreibt Origenes die Rückkehr der einzelnen gestürzten Vernunftwesen in die hohe jenseitige Welt besonders ausführlich und eindrücklich:

All das legt die Annahme nahe, dass nicht wenig Zeit darüber vergeht, bis nach dem Abscheiden aus dem Leben den Würdigen, die sich Verdienste erworben haben, auch nur die Dinge auf der Erde in ihrem sinnvollen Zusammenhang erklärt werden, auf dass sie durch die Erkenntnis von all dem und durch das Gnadengeschenk des vollen Wissens unaussprechliche Freude geniessen. [...] Als wir, um ein Beispiel zu gebrauchen, auf Erden weilten, sahen wir Tiere und Bäume, wir erkannten die Unterschiede unter ihnen, und auch die grossen Verschiedenheiten unter den Menschen. Aber während wir dies sahen, erkannten wir nicht den Plan, der dahintersteht; sondern eben die Verschiedenheit, die wir sahen, legte uns nur nahe, zu suchen und zu forschen, nach welchem Plan all das entweder verschieden geschaffen sei oder verschieden gelenkt werde; und nachdem wir auf Erden Eifer und Begierde nach solch einer Erkenntnis gefasst haben, wird uns nach dem Tode auch die Erkenntnis und Einsicht davon gegeben werden – sofern die Dinge nach Wunsch gehen; wenn wir also den dahinterstehenden Plan völlig verstanden haben, dann verstehen wir „auf

[58] Die griechisch erhaltene Homilie zum Ersten Buch Samuel, 9, S. 233.

beide Art" das, was wir auf der Erde gesehen haben. Etwas Derartiges ist nun auch vom Luftbereich [d.h. von den jenseitigen Aufstiegsstufen] zu sagen. Ich glaube nämlich, dass alle Heiligen, wenn sie aus diesem Leben scheiden, an einem Ort auf der [jenseitigen] Erde weilen, den die heilige Schrift „Paradies" nennt, gleichsam an einer Stätte der Erziehung und sozusagen in einem Hörsaal, einer Schule der Seelen. Dort werden sie über alles, was sie auf der Erde gesehen haben, belehrt, und sie erhalten auch einige Hinweise auf das Folgende, Bevorstehende, so wie sie in diesem Leben einige Hinweise auf das Bevorstehende, wenn auch nur „durch einen Spiegel und in einem dunklen Wort", so doch wenigstens „stückweise" (vgl. 1 Kor. 13,12) bekommen hatten – Dinge, die dann deutlicher und klarer den Heiligen an ihrem Ort und zu ihrer Zeit offenbart werden. Wenn nun einer reinen Herzens (vgl. Matth. 5, 8), besonders gereinigten Geistes und erprobten Sinnes (vgl. Hebr. 5, 14) ist, macht er besonders rasche Fortschritte, steigt schnell zum Bereich der Luft auf und gelangt ins Reich der Himmel durch die verschiedenen Regionen, die „Wohnungen", wie man sie nennen kann (vgl. Joh. 14,2), die die Griechen als „Sphären" bezeichnen, die heilige Schrift aber als „Himmel" (vgl. Eph. 4, 10; Hebr. 7, 26). In jeder dieser Sphären wird er zuerst erkennen, was dort geschieht, sodann aber die Planung, auf Grund derer es geschieht; so durchschreitet er der Reihe nach alle, demjenigen nachfolgend, der „die Himmel durchschritten hat, Jesus dem Sohne Gottes" (vgl. Hebr. 4, 14), welcher sagt (Joh. 17, 24): „Ich will, dass wo ich bin, auch diese bei mir seien." Er deutet auch diese Verschiedenheit der Regionen an, wenn er sagt (Joh. 14, 2): „Bei meinem Vater sind viele Wohnungen." Er selbst aber [...] durchdringt das ganze All; wir dürfen ihn uns jetzt nicht mehr in der Beschränkung vorstellen, in die er für uns um unseretwillen eingegangen ist (vgl. Phil. 2, 7f.), das heisst nicht in jenen Grenzen, die ihm im menschlichen Körper auferlegt waren, als er auf Erden unter uns weilte [...]. Gesetzt nun, die Heiligen gelangen zu den himmlischen Regionen, so werden sie jetzt die Bedeutung der Sterne im Einzelnen kennenlernen und erkennen, ob sie Lebewesen sind oder was sonst. Auch den Sinn der anderen Werke Gottes werden sie verstehen; er selbst wird ihn ihnen enthüllen. Denn jetzt wird er ihnen gleichwie Söhnen (vgl. Röm 8, 14; 9,8) die Ursachen der Dinge und die Kräfte seiner Schöpfung zeigen und sie belehren, warum jener Stern an jener Stelle des Himmels steht, warum er von einem andern eine bestimmte

Entfernung hat; was etwa die Folge wäre, wenn er näher stünde, und was, wenn er weiter entfernt wäre; [...] So gehen sie alles durch, was im Bereich der Sterne und des himmlischen Aufenthalts liegt, und kommen dann zu „dem, was man nicht sieht" (vgl. 2 Kor. 4, 18), zu den Wesen, von denen wir jetzt nur die Namen vernommen haben (vgl. Eph. 1, 21), zu den „Unsichtbaren" (vgl. Röm. 1, 20; Kol. 1, 16); dass es diese in grosser Zahl gibt, hat der Apostel Paulus zwar gelehrt, aber was sie sind und welche Unterschiede zwischen ihnen bestehen, davon können wir nicht einmal vermutungsweise eine geringe Einsicht haben. Und wenn wir so weit fortgeschritten sind, [so werden wir] die vernünftigen, intelligiblen Wesenheiten „von Angesicht zu Angesicht" schauen (vgl. 1 Kor. 13,12). [...] In diesem unserem körperlichen [irdischen] Leben nämlich wachsen wir zunächst zu dem, was wir sind, körperlich heran und brauchen in der Jugend ausreichend Nahrung zum Wachsen; nachdem aber unsere Grösse ihr Normalmass des Wachsens erreicht hat, brauchen wir Nahrung nicht mehr zum Wachsen, sondern zum Leben und zur Bewahrung des Lebens durch Speise. Ebenso, meine ich, muss auch die Vernunft, wenn sie zur Vollendung gekommen ist, sich immer noch ernähren und entsprechende angemessene Speisen zu sich nehmen, in dem Masse, dass nichts zuwenig und nichts zuviel ist. Ganz allgemein ist als eine solche Speise die Schau und die Erkenntnis Gottes anzusehen, die ein entsprechendes und angemessenes Mass hat für die geschaffenen Wesen; dieses Mass hat jeder einzelne zu beachten, der beginnt, „Gott zu schauen", d.h. ihn aus der „Reinheit des Herzens" zu erkennen (vgl. Matth. 5, 8).[59]

Die sukzessive Rückführung *aller* gefallenen Vernunftwesen in die hohe jenseitige Welt vollzieht sich nach den Erkenntnissen von Origenes über unendlich lange Zeiträume:

Dies muss man sich aber nicht als ein plötzliches Geschehen vorstellen, sondern als ein allmähliches, stufenweise im Laufe von unzähligen und unendlich langen Zeiträumen sich vollziehendes, wobei der Besserungsprozess langsam einen nach dem anderen erfasst; einige eilen voraus und streben rascher zur Höhe, andere folgen in kurzem Abstande, und wieder andere weit hinten; und so gibt es zahllose Stufen von Fortschreitenden, die aus der Feindschaft zur Versöhnung mit Gott kommen, und am Ende steht der „letzte Feind", welcher „der Tod"

---

[59] De principiis II 11, 6f., S. 451ff.

genannt wird, und der ebenfalls „vernichtet“[60] wird, auf dass er nicht länger ein Feind sei.[61]

Beim Vergleich zweier Texte des Apostels (Paulus) entstand in mir oft eine Ratlosigkeit, wie es einmal eine „Vollendung der Zeiten“ gibt, bei der Jesus „ein einziges Mal zur Tilgung der Sünden offenbar geworden ist“, wenn es andererseits Zeiten geben soll, die danach kommen. Seine Worte lauten so, zunächst im Hebräerbrief: „Jetzt ist er aber bei der Vollendung der Zeiten ein einziges Mal erschienen, um durch sein Opfer die Sünden zu tilgen“, dann im Epheserbrief: „Um in den kommenden Zeiträumen die überbordende Fülle seiner Gnade in Milde uns gegenüber aufzuzeigen“. Als ich darüber nachdachte, habe ich folgende Lösung gefunden: Wie der letzte Monat die Vollendung des Jahres ist und darauf der Beginn eines anderen Monats folgt, ebenso ist vielleicht, wenn mehrere Zeitalter gleichsam ein Jahr von Zeitaltern ausfüllen, das jetzige Zeitalter die Vollendung, nach der gewisse zukünftige Zeitalter kommen werden, deren Anfang das nächstfolgende Zeitalter ist. Und in jenen zukünftigen Zeitaltern wird Gott den Reichtum „seiner Gnade in Milde“ dadurch erweisen, dass auch der schlimmste Sünder, nämlich der Lästerer gegen den Heiligen Geist, der im ganzen gegenwärtigen Zeitalter und auch im folgenden vom Anfang bis zum Ende von der Sünde beherrscht wird, in einer mir unbekannten Weise das Heil erlangt.[62]

Im folgenden Kapitel soll gestützt auf den Psalmenkommentar des frühchristlichen Theologen Didymos aufgezeigt werden, dass die Erlösungstat Christi und deren Folgen im Rahmen der Psalmen 22 und 30 im Detail prophezeit wurden.

---

60 Zur präzisen Bedeutung dieser sog.„Vernichtung“ siehe § 7 I.

61 De principiis III 6, 6, S. 659.

62 Über das Gebet 27, 15, S. 231.

§ 5 Die Prophezeiung der Erlösungstat Christi und deren Folgen in den Psalmen 22 und 30

I. Der Schlüssel zum Verständnis des Alten Testaments

Das Alte und das Neue Testament bilden ein einheitliches Ganzes, denn beide sind auf dasselbe Ziel hin eingerichtet: Auf die Erfüllung des göttlichen Erlösungsplanes unter der Führung von Christus und insbesondere auf die Menschwerdung Christi. Für den einzelnen Menschen verständlich werden sowohl das Alte als auch das Neue Testament erst dann, wenn er die grundlegenden Inhalte der beiden Testamente miteinander zu verbinden und sie in ihrem Gesamtzusammenhang zu erfassen vermag. Dies bedeutet insbesondere, dass die wahre Bedeutung und die tatsächlichen Inhalte der Prophezeiungen des Alten Testaments für die Menschheit so lange versiegelt blieben, bis Christus seine Erlösungstat vollbracht hatte, verstarb und danach seine Geister der Wahrheit zu den Menschen sandte, damit diese sie über den wahren Inhalt der beiden Testamente unterrichten. Die Bezeichnung der beiden Teile der Bibel als „Testamente" erfolgte dabei keineswegs zufällig, sondern gezielt, denn dadurch sollte ausgedrückt werden, dass deren Inhalte für die Menschheit so lange versiegelt blieben, bis derjenige, der diese Testamente ausgestellt hatte (d.h. Christus), als Mensch gestorben war, was Didymos mit seinen folgenden Erläuterungen zu Psalm 25, 14 ("Und er zeigt ihnen sein Testament") sehr treffend erklärt:

> *Wenn die Testamente versiegelt sind, ist das, was für die Erben darin geschrieben steht, noch nicht offenbar. Nicht für immer nun bleibt dieses Testament versiegelt, sondern einmal wird es gelöst werden, damit die Erbschaft den Eingetragenen abgestattet werden kann. Er wird es ihnen also zeigen. Und da vielerorts das Gotteswort, das alte wie das neue, das vor der Menschwerdung wie das nach ihr, „Testament" genannt wird, muss dieses Testament gezeigt, gelöst werden. Dann aber wird es gelöst, wenn das Vorhergesagte sich faktisch erfüllt hat, nach dem Wort: „Damit das Gesagte erfüllt werde (Mt. 2, 23)"; denn dann wird es gültig, wenn derjenige, welcher es ausgestellt hat, gestorben ist; dann nämlich wird es gelöst. Wenn es auch inso-*

fern nicht gelöst ist, als kein Widerspruch vorhanden ist, so ist es doch praktisch gelöst; denn wenn das Vermachte abgestattet wird, ist das Testament für die Empfänger gelöst. [63]

Nachdem Christus als Mensch seine Erlösungstat vollbracht hatte und am Kreuz gestorben war, war es ein zentrales Anliegen seiner Apostel, den damaligen Menschen die Zusammenhänge zwischen dem Alten Testament und dem menschlichen Leben von Jesus sowie seinen Worten und Taten vor Augen zu führen, was insbesondere aus der Pfingstpredigt von Petrus und der Einleitung des Römerbriefes hervorgeht:

> *[Petrus zu den Bewohnern Jerusalems:] Ihr Brüder, ich darf über den Stammvater David freimütig zu euch sagen, dass er gestorben ist und begraben worden ist und sein Grabmal unter uns ist bis auf diesen Tag. Da er nun ein Prophet war und wusste, dass ihm Gott mit einem Eide geschworen hatte, aus der Frucht seiner Lende [jemand] auf seinen Thron zu setzen,* ***hat er vorausschauend geredet über die Auferstehung Christi, dass er weder im Totenreich gelassen worden ist noch sein Fleisch die Verwesung gesehen hat.*** *Diesen Jesus hat Gott auferweckt, wofür wir alle Zeugen sind. Nachdem er nun zur Rechten Gottes erhöht worden ist und den verheissenen heiligen Geist vom Vater in Empfang genommen hat, hat er das ausgegossen, was ihr da seht und hört. Denn nicht David ist in die Himmel hinaufgefahren; er sagt vielmehr selbst: „Der Herr sprach zu meinem Herrn: Setze dich zu meiner Rechten, bis ich hinlege deine Feinde als Schemel für deine Füsse!“ So möge nun das ganze Haus Israel mit Gewissheit erkennen, dass Gott ihn zum Herrn und zum Christus gemacht hat, diesen Jesus, den ihr gekreuzigt habt (Apostelgeschichte 2, 29–36).*

> *Paulus, Knecht Jesu Christi, berufen zum Apostel, ausgesondert zur Verkündigung des Evangeliums Gottes,* ***das er vorher verheissen hat durch seine Propheten in den heiligen Schriften,*** *[nämlich das Evangelium] über seinen Sohn, der aus der Nachkommenschaft Davids hervorgegangen ist nach dem Fleische, der eingesetzt ist zum Sohne Gottes voll Macht nach dem Geiste der Heiligkeit kraft der Auferstehung von den Toten: Jesus Christus, unser Herr, durch den wir Gnade und Apostelamt empfangen haben, um für seinen Namen Gehorsam des Glaubens*

---

[63] Psalmenkommentar II, S. 115.

zu bewirken unter allen Heiden, unter denen auch ihr seid als solche, die von Jesus berufen sind (Römerbrief 1, 1–6).

Neben Petrus und Paulus vermochte im frühen Christentum niemand die Zusammenhänge zwischen dem Alten und Neuen Testament den Gläubigen derart umfassend und präzise zu erläutern wie die beiden Theologen Origenes und Didymos. Im Folgenden soll am Beispiel von Didymos' Auslegung des 22. Psalms aufgezeigt werden, auf welche Weise Christus die einzelnen Teile des Alten Testamentes mittels der Propheten ausstellte und wie er im Detail seine Erlösungstat voraussagte. Die Tatsache, dass im Alten Testament die Erlösungstat von Christus im Detail prophezeit wurde, dient auch den heutigen und zukünftigen Generationen als Beweis, dass es sich bei Jesus um den im Alten Testament verheissenen Erlöser handelt.

II. Didymos' Erläuterungen des 22. Psalmes

Ein prägendes Merkmal des modernen Menschen ist sein materialistisches Denken: Er ist bestrebt, die materielle Welt aus sich selbst heraus (d.h. unter Ausschluss jeglicher Metaphysik) zu begreifen und zu verstehen. In einem solchen materialistischen Weltbild bleibt für Religion und Jenseitig-Geistiges kein Platz. Demgegenüber ist eine der zentralen Botschaften der Bibel, dass die für den Menschen sichtbare, materielle Welt nur einen kleinen Teil der gesamten göttlichen Schöpfung bildet und dass der Mensch als Persönlichkeit nicht nur Teil der materiellen Welt, sondern als unvergängliches Wesen auch Teil der jenseitig-geistigen Welt ist und dass diese jenseitig-geistige Welt seit jeher auf die irdisch-materielle Welt eingewirkt hat. Die Bibel verkündet nicht nur diese zentralen Botschaften, sondern in ihr sind gerade Beweise dafür enthalten, dass diese Botschaften tatsächlich wahr sind. Einer dieser Beweise besteht darin, dass Christus als jenseitig-geistige Persönlichkeit zur Zeit von König David und damit ungefähr eintausend Jahre vor seinem menschlichen Leben den Hergang seiner Erlösungstat im Detail voraussagte. Diese wirklich einmalige Prophezeiung ist im 22. (bzw. nach der Zählweise von Didymos im 21.) Psalm enthalten. Im Folgenden sollen die Inhalte dieses Psalms auf der Grundlage des Kommentars von Didymos analysiert werden.

Gleich zu Beginn seiner Erläuterungen führt Didymos seinen Studenten und Zuhörern vor Augen, welche Person denn tatsächlich diesen Psalm spricht (bzw. zur Zeit von König David gesprochen hat). Der Schlüssel für die Beantwortung der Frage, wer der tatsächliche Verfasser des Inhaltes des 22. Psalms ist, liegt in der Bibel selbst, und zwar im Hebräerbrief. Man muss diesen Brief und den 22. Psalm indes sehr genau studieren, um begreifen zu können, dass in diesem Brief offengelegt wird, wer den 22. Psalm tatsächlich gesprochen hat:

Der 22. Psalm enthält (in der Übersetzung der Zürcher Bibel) den folgenden Satz: „Verkünden will ich deinen Namen meinen Brüdern, inmitten der Gemeinde will ich dich preisen" (Psalm 22, 23). In Hebr 2, 12 wird auf folgende Weise auf diesen Satz Bezug genommen: „Und aus diesem Grunde schämt er [Christus] sich nicht, sie Brüder zu nennen, indem er sagt: „Ich will deinen Namen meinen Brüdern verkündigen; inmitten der Gemeinde will ich dich preisen." Mit diesen Erklärungen wird im Hebräerbrief offengelegt, dass es Christus selbst war, der den 22. Psalm sprach. Didymos nimmt denn auch – neben anderen Bibelstellen – auf dieses Zitat des 22. Psalms im Hebräerbrief Bezug, um seinen Studenten bzw. Zuhörern vor Augen zu führen, welche Person tatsächlich diesen Psalm spricht (bzw. zur Zeit von König David gesprochen hat), indem er Folgendes ausführt:

> *Höre nun weiter: Dieser Psalm hat nur eine Person. Die sprechende Person ist von Anfang bis Ende dieselbe. Es treten aber häufig in den Psalmen und in den prophetischen Büchern Wechsel der Personen auf, sowohl der sprechenden Personen als auch der angesprochenen als auch der Dinge, über die gesprochen wird; denn jeder Sprechende hat die Rolle des Verkündenden; und da er nicht aufs Geratewohl spricht, sondern zu Bestimmten, gibt es auch noch eine zweite Person, die dem Sprechenden zuhört, und einen Gegenstand, über den er spricht. Die sprechende Person ist also hier nur eine. Es sind aber von diesem Psalm im Neuen Testament viele Aussprüche übernommen, da der Psalm von der Person des Heilandes gesprochen wird. Schon gleich die ersten Worte: „Mein Gott, mein Gott": Der Heiland hat diese Worte am Kreuz gesprochen (vgl. Mar 15, 34). Auch der Vers: „Sie teilten meine Klei-*

der unter sich (Ps 22, 19; Mt 27, 35; Mar 15, 24; Lc 23, 34; Io 19, 24)", ist in den Evangelien als Ausspruch des Heilandes überliefert. Ferner die Worte: „Ich will deinen Namen meinen Brüdern kundtun (Ps 22, 23; Hebr. 2, 12)": Paulus hat im Brief an die Hebräer geschrieben, dass sie von der Person des Heilandes aus gesagt worden seien. Da wir nun also drei Zeugnisse aus unserem Psalm dafür haben, dass die Person des Heilandes die sprechende ist, muss man den ganzen Psalm als von seiner Person aus verkündet begreifen.[64]

In den folgenden Kapiteln werden die Inhalte des 22. Psalms, deren Wahrheitsgehalt sich eintausend Jahre später im Detail bestätigte, auf der Grundlage des Kommentars von Didymos im Detail analysiert.

A. Die Voraussage des Leidensweges des Erlösers

Um den Inhalt eines historischen Textes präzise erfassen zu können, ist es häufig hilfreich, sich vorweg damit auseinanderzusetzen, aus welchem Anlass und zu welchem Zweck der Autor den Text verfasste. Der Urheber der Inhalte des 22. Psalms ist Christus persönlich (siehe vorhergehendes Kapitel), und im Zeitpunkt der Abfassung dieses Psalms war ihm bewusst, dass er selbst in relativ naher Zukunft ein Menschenleben als Erlöser der Menschheit (d.h. als Messias) auf sich nehmen wird. Die Risiken dieser Mission waren für ihn persönlich äusserst gross, denn im Falle eines Versagens wäre ihm – zumindest für eine gewisse Zeit – die Rückkehr in den Himmel nach seinem irdischen Tod versperrt gewesen. Was ihm bevorstand, war im wahrsten Sinne des Wortes ein Kampf auf Leben und Tod. Sein Auftrag war, als Mensch unter allen Umständen, auch unter den fürchterlichsten physischen und psychischen Qualen, an seinem Glauben an Gott festzuhalten. Wer von einer solchen schweren Aufgabe steht, muss sich psychisch entsprechend darauf vorbereiten. Das Alte Testament enthält einige Zeugnisse über diese Vorbereitung Christi, insbesondere den 22. Psalm, aus welchem hervorgeht, dass sich Christus im Detail damit auseinandersetzte, welche Leiden ihn in seinem menschlichen Leben erwar-

64 Psalmenkommentar I, S. 97.

ten würden. Besonders beeindruckend ist, dass er im 22. Psalm seine Kreuzigung prophezeite, indem er Folgendes sprach:

Psalm 22, 17 in der Überlieferung von Didymos: Weil mich viele Hunde umgaben, eine Menge von Übeltätern mich umkreiste, haben sie mir Hände und Füsse durchbohrt.[65]

Psalm 22, 17 in der Übersetzung der Zürcher Bibel: Denn Hunde lagern rings um mich, und mich umkreist die Rotte der Übeltäter; sie durchbohren mir Hände und Füsse.

Didymos kommentiert diesen Teil des Psalms 22 auf folgende Weise:

> *„Hunde" aber nennt er hier diejenigen Menschen, welche einen hündischen Charakter angenommen haben. Die Regungen des Hundes aber werden oft getadelt. Er ist überhaupt rasch zur Begattung bereit. Man ist daher in der Umgangssprache gewohnt, die unzüchtigen Männer und Frauen Hunde zu nennen. So legt ja auch das Gesetz diesen Sinn nahe, wenn es den Hund zusammen mit der Dirne nennt: „Du darfst kein Hundegeld und keinen Hurenlohn (ins Haus Gottes) bringen (Deut 23, 19)". [...] Er ist aber auch schamlos – „und die Hunde sind schamlos in ihrer Seele (Is 56, 11)" – und schmeichlerisch. Diejenigen Menschen also, welche solche Regungen haben, werden zu Recht Hunde genannt. Diese also haben den Heiland umgeben. Als sie Schafe Gottes waren, da waren sie ausserhalb der hündischen Verfassung. Als aber verlorene Schafe aus dem Volk geworden waren, da hat die Verlorenheit sie nicht ins Nichts verwandelt, sondern in einen hündischen und schlangen- und skorpionartigen Zustand. All dies aber wurde schliesslich über die Hebräer gesagt: „Und alle sind sie dumme Hunde, die nur bellen können (Is 56, 10)". Als die Israeliten also sinnlos über den Heiland herfielen, da sind sie zu Hunden geworden. Dass sie aber zu Hunden geworden sind, hatte zur Folge, dass sie „eine Menge von Übeltätern" sind; denn als sie Schafe waren, waren sie eine göttliche Herde. Hunde also haben mich umgeben und eine Menge von Übeltätern. Darum haben sie mich gekreuzigt; denn das Durchbohren der Hände und Füsse des Heilandes zeigt nichts anderes an als das Kreuz. Nun betrachte es im Einzelnen: Zeugt es nicht von schamlosen und unzüchtigen und bellenden Seelen, welche durch Schmähungen bellen, denjenigen, welcher Tote auferste-*

---

65 Psalmenkommentar I, S. 155.

hen, Blinde sehend und Aussätzige rein gemacht hat, zu hassen und dem Tod preisgeben zu wollen, ist das keine Menge von Übeltätern?[66]

Sehr beeindruckend ist, dass Christus im 22. Psalm nicht nur seine Kreuzigung prophezeite, sondern auch Details im Zusammenhang mit seiner Kreuzigung voraussagte, indem er sprach: „Sie teilen meine Kleider unter sich und werfen das Los um mein Gewand." In allen vier Evangelien wird die Verteilung der Kleider von Jesus und das Werfen des Loses geschildert:

Johannes 19, 23f.: Als nun die Soldaten Jesus gekreuzigt hatten, nahmen sie seine Kleider und machten vier Teile daraus, für jeden Soldaten einen Teil, und den Rock. Der Rock war aber ohne Naht, von oben an als ein Ganzes gewoben. Da sagten sie zueinander: Lasset uns ihn nicht zerteilen, sondern darum losen, wem er gehören soll! – damit das Schriftwort erfüllt würde: „Sie haben meine Kleider unter sich verteilt und über mein Gewand das Los geworfen." Die Soldaten nun taten dies.

Matthäus 27, 35: Nachdem sie ihn aber gekreuzigt hatten, verteilten sie seine Kleider unter sich, indem sie das Los warfen.

Markus 15, 24: Und sie kreuzigten ihn und verteilten seine Kleider unter sich, indem sie das Los über sie warfen, was jeder bekommen sollte.

Lukas 23, 34: Darauf warfen sie das Los, um seine Kleider unter sich zu verteilen.

Ein extremes körperliches Leiden, das Christus während seiner Kreuzigung durchstehen musste, wird in den überlieferten Texten des Neuen Testaments nicht beschrieben, wohl aber im 22. Psalm: Der Durst infolge des Blutverlustes (auch infolge der vorangegangenen Geisselung von Jesus) kann einen Verwundeten in den Wahnsein treiben, denn kein körperlicher Schmerz ist mit der Qual des Verdurstens zu vergleichen. In Vorausschau dieser körperlichen Qualen sprach Christus im 22. Psalm (in der Fassung der Zürcher Bibel): „Trocken wie Scherben ist mein Gaumen, und meine Zunge klebt an meinem Schlund" (Psalm 22, 16). In der

[66] Psalmenkommentar I, S. 155ff.

Übersetzung der Version, die im Rahmen des Psalmenkommentars von Didymos überliefert wurde, lautet die entsprechende Stelle folgendermassen: „Vertrocknet wie eine Tonscherbe ist meine Kraft, und die Zunge klebt mir am Gaumen."[67] Didymos merkte zu dieser Stelle insbesondere Folgendes an:

> *Wenn es [das Erdhafte in uns] aber Trockenheit annimmt und die ganze Feuchtigkeit, die es von draussen aus der Materie gesogen hat, ablegt, wird es trocken wie eine Tonscherbe. [...] „Meine Kraft" also „ist vertrocknet wie eine Tonscherbe". [...] Er hat keine Feuchtigkeit mehr, keinen erdhaften Zustand mehr.*[68]

Aus den bisher in diesem Kapitel zitierten Stellen des 22. Psalms geht auf eindrückliche Weise hervor, dass Christus geraume Zeit vor seiner Menschwerdung im Detail bewusst war, welche Qualen ihn auf dieser Erde erwarten würden. Eine solche Vorausschau ist nicht nur aus der Sicht der heutigen Menschen höchst erstaunlich, sondern auch die Zuhörer von Didymos staunten darüber, wie aus der folgenden, protokollierten Frage hervorgeht, die ein Zuhörer an Didymos richtete:

> *Frage: Die Passion war aber doch noch gar nicht da?*[69]

Gemäss den uns überlieferten Aufzeichnungen gab Didymos auf diese Frage die folgende Antwort:

> *All dies wird in prophetischer Weise gesagt. Die möglichen Dinge haben, bevor sie existent, bevor sie wirklich werden, die Möglichkeit, zu geschehen und nicht zu geschehen. Und niemand kann versichern, ob sie geschehen oder nicht geschehen werden; denn die Neigung ist nach beiden Seiten hin gleich gross. Wenn aber jemand, der mit Voraussicht begabt ist, oder auch Gott selbst, voraussieht, dass von den Möglichen dieses sich ereignen wird, so ist da (so sicher), wie es bei uns ist, wenn es sich bereits ereignet hat; denn bei den gegenwärtigen und bereits vergangenen Dingen können wir sagen, welches wahr und welches falsch ist, ob es geschehen oder nicht geschehen ist. Bei den zukünftigen aber können wir nur so viel sagen, dass von zweien eines sein wird, ohne sagen zu können, welches. Da*

[67] Psalmenkommentar I, S. 143ff.
[68] Psalmenkommentar I, S. 143ff.
[69] Psalmenkommentar I, S. 133.

nun also auch hier ein göttliches Auge die zukünftigen Ereignisse im Voraus wahrgenommen hat, erscheinen sie ihm nicht mehr als bloss möglich. Darum sagt er: „Sie haben meine Hände und meine Füsse durchbohrt (Ps 22, 17)". Wenn ein anderer der Sprecher wäre, hätte er dies nicht gesagt, sondern: „Sie werden durchbohrt werden" oder „sie werden nicht durchbohrt werden."[70]

Da Christus geraume Zeit vor seiner Menschwerdung im Detail voraussehen konnte, welche Qualen ihn auf dieser Erde erwarten würden, war ihm auch bewusst, welche Auswirkungen diese Qualen auf seinen psychischen Zustand als Mensch haben würden. Aus dem 22. Psalm wird ersichtlich, dass sich Christus vor seiner Menschwerdung intensiv damit auseinandersetzte, dass ihn diese Qualen an den Rand der Verzweiflung – und darüber hinaus – bringen könnten. So hält er gleich zu Beginn des 22. Psalms fest, dass ihn als Menschen, der hilflos am Kreuz den körperlichen Qualen und den Schmähungen seiner Feinde ausgesetzt sein werde, Gefühle des Verlassen-Seins plagen würden, indem er Folgendes spricht:

Psalm 22, 2 in der Überlieferung von Didymos: Mein Gott, mein Gott, schenke mir Gehör. Warum hast du mich verlassen?[71]

Psalm 22, 2 in der Übersetzung der Zürcher Bibel: Mein Gott, mein Gott, warum hast du mich verlassen?

Im Matthäus- und Markusevangelium wird festgehalten, dass Christus am Kreuz tatsächlich diese Worte sprach:

> *Und in der neunten Stunde rief Jesus mit lauter Stimme: „Elohi, Elohi, lama sabachthani?" (das heisst übersetzt: Mein Gott, mein Gott, warum hast du mich verlassen?). Und als es einige von denen hörten, die dabeistanden, sagten sie: Siehe, er ruft den Elia. [Markus 15, 34f.]*
>
> *Um die neunte Stunde aber schrie Jesus laut auf: „Eli, Eli, lema sabachthani?" (das heisst: Mein Gott, mein Gott, warum hast du mich verlassen?" Als das einige von den dort Stehenden hörten, sagten sie: Dieser ruft den Elia. [Matthäus 27, 46f.]*

Aus der oben zitierten Stelle aus dem 22. Psalm ergibt sich, dass Christus zur Zeit, als er diesen Psalm sprach, wusste, dass er als

---

[70] Psalmenkommentar I, S. 133ff.
[71] Psalmenkommentar I, S. 99.

Mensch während seiner Kreuzigung von Gefühlen des Verlassenseins geplagt werden wird. Im weiteren Verlauf dieses Psalms hält Christus ausdrücklich fest, dass ihm sehr wohl bewusst ist, dass Gott während der Zeit des Leidens am Kreuz tatsächlich auf ihn blicken und auf ihn hören wird (auch wenn Gott zu diesem Zeitpunkt aus bestimmten Gründen nicht in das Geschehen eingreifen wird), so wie er die Väter der Israeliten (d.h. insbesondere die Propheten) gerettet hat, die auf Gott gehofft und zu ihm geschrien haben:

Psalm 22, 25 und Psalm 22, 5f. in der Überlieferung von Didymos: Denn er hat nicht übersehen und nicht verabscheut die Bitte des Bettlers.[72] Und er hat sein Antlitz nicht von mir abgewandt. Und als ich zu ihm schrie, hat er auf mich gehört.[73]
Auf Dich haben unsere Väter gehofft.[74] Sie haben gehofft, und Du hast sie gerettet; zu dir haben sie geschrien und sind gerettet worden. Auf Dich haben sie gehofft und sind nicht enttäuscht worden.[75]

Psalm 22, 25 und Psalm 22, 5f. in der Übersetzung der Zürcher Bibel: Denn er hat nicht verachtet noch verabscheut des Elenden Elend und nicht sein Angesicht vor ihm verborgen, und da er zu ihm schrie, hat er ihn erhört.
Auf dich vertrauten unsre Väter; sie vertrauten, und du halfest ihnen. Zu dir schrien sie und wurden errettet; auf dich vertrauten sie und wurden nicht zuschanden.

Aus den Kommentaren von Didymos zu diesen Stellen des 22. Psalms erhellt, dass Gott die Propheten und den Erlöser nur scheinbar (d.h. aus einer verengten menschlichen Sichtweise heraus) in ihren Leiden im Stich liess, während es in Tat und Wahrheit darum ging, als Sieger aus dem Kampf gegen die Mächte der Finsternis herauszugehen. Das Standhalten von Jesus am Kreuz trotz aller physischen und psychischen Qualen bildete die Voraussetzung dafür, dass er nach seinem irdischen Tod die „Toten“ (d.h. die

[72] Psalmenkommentar I, S. 193.
[73] Psalmenkommentar I, S. 199.
[74] Psalmenkommentar I, S. 111.
[75] Psalmenkommentar I, S. 113.

Bewohner der Unterwelt) aus ihrer Gefangenschaft herausführen konnte:

> *Unsere Väter, die auf dich gehofft haben, sind erhört worden „und nicht enttäuscht worden (Ps 22, 6)"; denn immer hast du sie, indem du ihre Gebete erhörtest, in dein Wohlwollen aufgenommen, auch wenn sie in Bedrängnissen ihr Leben liessen; denn dass du auf ihr Rufen hörtest, bedeutet nicht, dass du sie aus leiblichen Nöten befreitest, sondern vor dem Schaden bewahrtest, welcher von den Nöten herbeigeführt wird. [...] Wenn also auch die Heiligen beim Beten nicht erhört zu werden scheinen, so werden sie dann erst recht erhört, weil sie, wenn sie den Bedrängnissen ausgesetzt bleiben, zu Wettkämpfern werden; denn was wäre es schon für eine Leistung, wenn man auf ein Gebet hin sogleich von den Bedrängnissen frei wird? [...] „Sie haben gehofft, und du hast sie gerettet; zu dir haben sie geschrien und sind gerettet worden", nicht dadurch, dass du nichts Widriges über sie verhängtest, sondern dadurch, dass sie in den Nöten siegten.*[76]

> *„Denn er hat nicht übersehen und nicht verabscheut die Bitte des Bettlers". Bettler nennt er hier den menschgewordenen Heiland, der unsertwegen Bettler geworden ist. Und wie er zum Fluche nicht ohne Weiteres geworden ist, sondern „damit den Völkern der Segen Abrahams zuteil werde (Gal 3, 14)" – ein Fluch aber, welcher Segen bewirkt, ist in Wahrheit kein Fluch. Das aber, was das Gute bewirkt, ist selbst gut. Das, was das Gottgefällige bewirkt, ist auch selbst gottgefällig. Das Wort „Fluch" bezeichnet aber das Kreuz, wie der Apostel selbst, der diese Worte geschrieben hat, gezeigt hat. Er hat gesagt: „Denn es steht geschrieben: Verflucht sei, wer am Holze hängt (Gal 3, 13)" –, und wie er zum Toten geworden ist, um die Toten zu Lebenden zu machen, und wie er den Tod auf sich genommen hat, um dem Tod die Macht zu nehmen und diejenigen, welche von ihm [d.h. vom Tod und damit vom Beherrscher der Unterwelt] gefangen gehalten wurden, zu befreien, so ist er auch zum Bettler geworden, damit durch sein Bettlertum diejenigen reich würden, für welche er zum Bettler geworden ist.*[77]

---

[76] Psalmenkommentar I, S. 111ff.

[77] Psalmenkommentar I, S. 193ff.

„Er hat nicht verabscheut und nicht übersehen die Bitte des Bettlers". Sie wurde nämlich für die Rettung aller emporgeschickt.[78]

Aus dem letzten Satz dieses Zitates ist klar ersichtlich, dass nach dem urchristlichen Glaubensverständnis von Didymos durch die Erlösungstat Christi alle gefallenen Wesen erlöst worden sind ("für die Rettung *aller*"). Im überlieferten Werk von Didymos sind zahlreiche weitere Stellen enthalten, die belegen, dass Didymos – im Gegensatz zu den Dogmen der katholischen Kirche – gerade nicht eine ewige Verdammnis lehrte. Auf die entsprechenden Stellen und ihre Bedeutung im Zusammenhang mit der Interpretation des sog. „Letzten Gerichts" wird in den beiden folgenden Kapiteln eingegangen.

Christus sagte zur Zeit von König David im Rahmen des 22. Psalms nicht nur seine Kreuzigung, seine physischen und psychischen Qualen am Kreuz, die Verteilung seiner Kleider und das Werfen des Loses voraus, sondern er schilderte auch seine Verhöhnung durch die bei seiner Kreuzigung anwesenden Personen. Diese Verhöhnung wird im Matthäus- und Markusevangelium folgendermassen beschrieben:

Die Vorübergehenden aber lästerten ihn, schüttelten die Köpfe und sagten: Der du den Tempel zerstörst und in drei Tagen aufbaust, rette dich selbst, wenn du der Sohn Gottes bist, und steige vom Kreuze herab! Ebenso spotteten die Hohenpriester samt den Schriftgelehrten und Ältesten und sagten: Andere hat er gerettet, sich selbst kann er nicht retten. Er ist der König Israels, er steige jetzt vom Kreuz herab, und wir wollen an ihn glauben. „Er hat auf Gott vertraut, der helfe ihm jetzt heraus, wenn er ihn liebhat." [Matthäus 27, 39–43]

Und die Vorübergehenden lästerten ihn, schüttelten die Köpfe und sagten: Ha, der du den Tempel zerstörst und in drei Tagen aufbaust, rette dich selbst und steige vom Kreuz herab! Ebenso spotteten auch die Hohenpriester samt den Schriftgelehrten untereinander und sagten: Andere hat er gerettet, sich selbst kann er nicht retten. [Markus, 15, 29–31]

Die entsprechenden Stellen im 22. Psalm, in welchen dieser Hohn und Spott prophezeit wird, lauten folgendermassen:

---

[78] Psalmenkommentar I, S. 197.

Psalm 22, 8f. in der Überlieferung von Didymos: Alle, die mich sahen, spotteten mein.[79] Sie sprachen mit ihren Lippen, sie schüttelten das Haupt.[80]
Er hat auf den Herrn gehofft, soll der ihn retten! Er mag ihm helfen, wenn er ihn will.[81]

Psalm 22, 8f. in der Übersetzung der Zürcher Bibel:

Alle, die mich sehen, spotten meiner, verziehen die Lippen und schütteln den Kopf: „Er warf's auf den Herrn, der möge ihm helfen; er rette ihn, denn er hat ja Gefallen an ihm."

Die tatsächliche Bedeutung und den Sinn all der physischen und psychischen Qualen, die Jesus während seines Leidensweges und insbesondere am Kreuz erdulden musste, kann man nur erfassen, wenn man Kenntnisse von den unmittelbaren Auswirkungen dieser Erlösungstat besitzt. Während die grossen Theologen des frühen Christentums noch darüber Bescheid wussten, welche Ereignisse sich in der Unterwelt unmittelbar nach der Erlösungstat abgespielt hatten, und die Gläubigen auch entsprechend darüber unterrichteten, ist dieses Wissen im Laufe der Zeit nicht weiter überliefert worden und in Vergessenheit geraten. Die Folge davon ist, dass die heutigen Gläubigen keinen Zugang mehr zu den Grundlagen des göttlichen Heils- und Erlösungsplanes haben und sie diesen daher nicht begreifen können. Dieses Unverständnis führt zu mehreren Fehlschlüssen, dessen gravierendster das Dogma der ewigen Verdammnis ist. Im Gegensatz zu diesem auch heute noch weit verbreiteten Dogma lehrten die grossen Theologen des frühen Christentums die Erlösung *aller* gefallenen Wesen (d.h. die sukzessive Rückkehr sämtlicher in den Hades gestürzten Persönlichkeiten in die hohe jenseitige Welt). Dass es sich bei diesen Lehren nicht um irgendwelche Spekulationen handelte, sondern dass die führenden frühchristlichen Theologen diese Lehren auf zentrale Stellen des Alten und Neuen Testaments abstützten, soll in den beiden folgenden Kapiteln und in § 7 aufgezeigt werden.

---

[79] Psalmenkommentar I, S. 115.
[80] Psalmenkommentar I, S. 117.
[81] Psalmenkommentar I, S. 119.

B. Die Auswirkungen der Erlösungstat: Die Erfüllung des göttlichen Heilsplanes

Im 22. Psalm wird nicht nur die Erlösungstat Christi im Detail prophezeit (siehe vorhergehendes Kapitel), sondern es wird auch die Erfüllung des göttlichen Heils- und Erlösungsplanes – dessen Eckstein ja die Erlösungstat Christi bildet – vorausgesagt. Die Erfüllung dieses Heils- und Erlösungsplanes besteht in der Rettung *aller* Menschen bzw. *aller* einstmals in den Hades gestürzten Vernunftwesen, wie aus den folgenden Stellen des 22. Psalms und deren Kommentar von Didymos hervorgeht:

> *„Erinnern und zum Herrn bekehren werden sich alle Enden der Erde." [Psalm 22, 28]*
>
> *Er [Christus] prophezeit die Rettung aller Menschen; denn jenes muss eintreten, worüber wiederum in einem anderen Psalm dieser Heilige sagt: „Alle Völker, die du geschaffen, werden kommen und vor dir anbeten (Ps 85, 9)"; denn Gott hat die vernünftigen Wesen nicht geschaffen, damit sie sündigen, damit sie sich Idole aufstellen und diese verehren, sondern damit sie Gott ehren. Und da dies die Absicht des Schöpfers ist, die Absicht der Geschöpfe aber dazwischengetreten ist, muss die Absicht Gottes die Oberhand behalten. Wenn er sich also (unser) erinnert, so geben wir dennoch den Anlass, dass er sich erinnert; denn er erinnert sich derer, die sich seiner erinnern, wie er diejenigen erkennt, welche ihn kennen. Wenn wir uns seiner erinnern, dann erinnert er sich unser und ruft uns zur Rettung. Das Wort „sie werden sich bekehren" zeigt, dass keiner substantiell schlecht ist, sondern vorsätzlich. Wenn aber das Schlechte vermocht hat, den Vorsatz bald hierhin bald dorthin zu treiben, so wird das Gute vermögen, ihn zum früheren Zustand zurückzuführen.*
>
> *„Und vor ihm werden sich niederwerfen alle Geschlechter der Völker." [Psalm 22, 28]*
>
> *Nachdem sie sich bekehrt haben, werfen sie sich nieder. Sie werfen sich nicht zuerst nieder und bekehren sich erst dann. Es zeigt also einen Fortschritt für sie an. Es ist aber etwas Grosses, sich vor Gott niederzuwerfen. Jener wirft sich vor ihm nieder, welcher ihn auf die rechte Weise anbetet. Nun folgt der Grund: „Denn" ihm gehört „das Königtum" (Ps 22, 29). Königtum nennt er hier nicht die Herrschaft, sondern diejenigen, welche*

königlich regiert werden, in welcher Bedeutung es heisst: „Wenn die Völker sich allzumal versammeln und die Königtümer, um dem Herrn zu dienen“ (Ps 101, 23). Wenn sie schlecht geschaffen wären, gehörten sie einem anderen.[82]

Damit diese Rettung *aller* gestürzten Vernunftwesen und ihre Rückkehr bzw. Wiedereingliederung in das Königreich Christi überhaupt stattfinden kann, mussten diese Wesen zuerst aus der Gewaltherrschaft des Unterweltherrschers befreit werden. Diese Befreiung geschah unmittelbar im Anschluss an die Erlösungstat Christi im Rahmen der sog. „Hadesfahrt“ Christi. In Psalm 30 und in den entsprechenden Kommentaren von Didymos sind zentrale Informationen über diese „Hadesfahrt“ Christi (für welche im überlieferten katholischen Glaubensbekenntnis die Formulierung „hinabgestiegen in das Reich des Todes“ verwendet wird) enthalten. Im Folgenden ist auf diese Stellen des Psalms 30 samt den Kommentaren von Didymos im Detail einzugehen:

In Psalm 30, 4 wird festgehalten, dass sich im Hades (zur Zeit, als Christus nach der Vollendung seines menschlichen Lebens in das Reich des Todes hinabstieg) diejenigen Seelen bzw. vernunftbegabten Wesen befanden, die im Rahmen des Engelsturzes dorthin verbannt wurden:

(Psalm 30, 4:) „Du hast mich vor denen gerettet, die in die Grube hinabsteigen.“

Wir haben schon am heutigen Tage gesagt, dass diejenigen, welche in die Grube hinabsteigen, die sind, die von oben hineingefallen sind; denn die Gruben sind keine Quellen; sie enthalten Wasser, das ihnen von irgendwoher zugeführt wird. Auch der Hades wird deswegen in der Schrift durchweg „Grube“ genannt, weil die herabgefallenen Seelen dorthin fallen.[83]

In Psalm 30, 4 prophezeit Christus seine Hadesfahrt unmittelbar nach der Vollendung seines menschlichen Lebens, deren Zweck darin besteht, die in den Hades gestürzten Wesen von der Gewaltherrschaft des Unterweltherrschers zu befreien (d.h. diejenigen Wesen, die willens sind, sich Christus anzuschliessen, aus dem Hades in die Aufstiegsstufen des göttlichen Reiches hinaufzuführen):

---

82 Psalmenkommentar I, S. 217ff.

83 Psalmenkommentar III, S. 21.

(Psalm 30, 4:) „Herr, du hast meine Seele aus dem Hades heraufgeführt."

Nachdem du [Gott] mich [Christus] geheilt hast, hast du meine Seele aus dem Hades heraufgeführt. [...] Die Heilung aber besteht darin, dass meine Seele von dort heraufgeführt wurde. Ich bin nach dort gegangen, nicht um selbst dazubleiben, aber auch nicht, um einfach fortzugehen und hinzugehen, sondern um die dort Weilenden heraufzuführen. „Dem Leibe nach getötet, dem Geiste nach aber lebendiggemacht, in dem er auch den Seelen im Kerker" die Botschaft „verkündete" (1 Petrus 3, 18f.), führte er sie herauf. Ihretwegen stieg er dorthin hinab, und er sagt, dass er ihretwegen auch heraufsteige; denn er ging fort, um sie heraufzuführen. Würden sie nicht heraufsteigen, würde er auch nicht heraufsteigen; denn nicht um seiner selbst willen stieg er herab oder steigt er herauf.[84]

(Psalm 30, 4:) Du hast mich vor denen gerettet, die in die Grube hinabsteigen."

Denn wenn ich auch in den Hades hinabgestiegen bin, so bin ich doch nicht in der Grube festgehalten worden wie das hinabfallende Regenwasser, sondern gerettet worden, weshalb ich keinen Schaden genommen habe, was einigen von denen eignet, die in den Hades hinabfallen.[85]

Direkt im Anschluss an diese Stelle betont Didymos, dass nach der Erlösungstat Christi nicht alle in den Hades verbannten Wesenheiten willens waren, sich Christus anzuschliessen und mit ihm zusammen den Hades zu verlassen:

(Psalm 30, 5:) „Psalliert dem Herrn, ihr, seine Heiligen!"

Da er [Christus] also selbst psalliert und Loblieder singt, weil er emporgehoben wurde, will er, dass auch jene sich dem Preislied anschliessen, die er aus dem Hades herausgeführt hat, nachdem sie nun zu „seinen Heiligen" geworden sind. [...] Dort waren aber auch die anderen Seelen; aber die einen wurden als Seelen von Heiligen erwiesen, die anderen aber nicht; denn wir sagen ja nicht, dass der Heiland alle Seelen emporgeführt hat, sondern jene Seelen, die ihn auch dort erwarteten.[86]

---

84 Psalmenkommentar III, S. 19.
85 Psalmenkommentar III, S. 21.
86 Psalmenkommentar III, S. 21.

Wie bereits am Ende des letzten Kapitels ausgeführt, wussten die grossen Theologen des frühen Christentums noch darüber Bescheid, welche konkreten Ereignisse sich in der Unterwelt unmittelbar nach der Erlösungstat Christi abgespielt hatten, und sie unterrichteten die Gläubigen auch entsprechend darüber. Im Laufe der Zeit wurde dieses Wissen jedoch nicht weiter überliefert und geriet in Vergessenheit. Damit ein in der heutigen Zeit aufgewachsener Christ, welchem dieses Wissen im Rahmen seiner christlichen Erziehung nicht vermittelt wurde, die Darlegungen von Didymos über die Hadesfahrt Christi überhaupt geistig erfassen kann, benötigt er ein entsprechendes Hintergrund- bzw. Grundlagenwissen, welches die von den grossen Theologen des frühen Christentums (insbesondere von Origenes und Didymos) unterrichteten Gläubigen noch besassen. Dass der grosse frühchristliche Theologe Origenes im Besitz präziser Kenntnisse über die Hadesfahrt Christi war, geht insbesondere aus den folgenden Stellen seines überlieferten Werkes hervor:

> *Wenn die Antwort demnach also lautet, dass Christus in die Unterwelt hinabgestiegen ist, werde ich fragen: Christus ist in die Unterwelt hinabgestiegen, um was zu tun? Um den Tod zu besiegen oder von ihm besiegt zu werden? Und er ist in jene Gefilde nicht wie ein Sklave derer, die sich dort befinden, hinabgekommen, sondern wie ein Herrscher, bereit zum Kampf.*[87]

> *Nachdem er [Christus] den besiegt hatte, der die Herrschaft über den Tod innehatte, führte er die Gefangenen heraus, die im Tode festgehalten wurden. Und er erweckte nicht nur sich selbst von den Toten auf, sondern er erweckte zugleich auch die auf, die im Tode festgehalten wurden [...]. Denn während er in die Höhe aufstieg, führte er die Gefangenen mit sich.*[88]

> *Wer aber ist der Feind, wenn nicht „unser Widersacher, der Teufel“[I Petr. 5, 8], der uns in Bedrängnis brachte? Offenkundig ist zur Zeit von dessen Feindseligkeit gegen die Menschen unser Erlöser an den Vater herangetreten und hat für uns in der Gefangenschaft erbeten, dass wir losgekauft und dem Feind entrissen werden.*[89]

---

[87] Die griechisch erhaltene Homilie zum Ersten Buch Samuel, 6, S. 219.

[88] Hoheliedkommentar III 14, 32f., S. 391ff.

[89] Homilie 14, 11 zum Buch Jeremia S. 355.

Ich habe den Eindruck, zu wenig über den Jubel nachgedacht, nur Geringes über grosse Dinge gesagt zu haben. Mit der Ankunft Jesu wurden die Mauern Jerichos umgestürzt, mit der Ankunft meines Herrn Jesus wird die Welt überwunden. Auf welche Weise jedoch die Welt überwunden wird, das möchte ich deutlicher erkennen, und ich möchte klarer verstehen, was gesagt wird. Ich selbst, der ich euch lehre, will mit euch zugleich lernen. Nehmen wir uns gemeinsam Paulus als Lehrer! Er selbst ist nämlich ein Miteingeweihter Christi, der uns zeigen kann, auf welche Weise Christus die Welt überwunden hat. Höre ihn also selbst sagen: „Was gegen uns war, das entfernte er aus unserer Mitte, indem er es an sein Kreuz heftete. Und als er die Mächte und Gewalten wegnahm, überführte er sie offen, indem er am Holz des Kreuzes über sie triumphierte." Aus diesen Worten also verstehe ich, dass die himmlischen Mächte, als sie den Kampf Jesu sahen, wie er die feindlichen Mächte und Gewalten ihrer Macht beraubte, wie der Starke gebunden und sein Kriegsgerät geplündert wurde, ihre himmlischen Posaunen erschallen liessen, weil die Welt, nachdem der Fürst dieser Welt gebunden worden war, überwunden wurde und das himmlische Heer im Triumph Christi die Stimme des Jubels von sich gab.[90]

Vor dem Hintergrund dieser Erläuterungen von Origenes über die Hadesfahrt Christi sind die nachfolgenden Kommentare von Didymos besser verständlich. Didymos führt darin aus, dass zwar nicht alle gestürzten Wesen nach dem Sieg des Erlösers über den Unterweltherrscher bereit waren, sich Christus anzuschliessen und mit diesem den Hades zu verlassen, dass durch die Erlösungstat jedoch alle Gestürzten errettet worden sind und dass auch diejenigen Wesen, die sich noch im Hades befinden, im Laufe der Zeit diesen verlassen und sich zu Christus bekehren werden:

Psalm 30, 10: „Was für einen Gewinn brachte mein Blut, mein Hinabsteigen in den Tod?"

Ich [Christus] stieg in den Tod hinab; welcher Gewinn wurde dadurch erzielt? Siehe, sie bleiben bei ihren Schlechtigkeiten. Aber er sagt dieses nicht generell; denn es heisst: „Ihr seid gegen Bezahlung gekauft (1 Cor 7, 23)" durch das Blut Christi, und: „Nicht mit vergänglichen Dingen, Silber und Gold, seid ihr freigekauft worden von eurem eitlen Wandel, sondern mit dem

---

90 Homilie 7, 3 zum Buch Josua, S. 171ff.

kostbaren Blute Christi als des makellosen und fehlerfreien Lammes (1 Pe 1, 18f.)". Es ist aber folgendes möglich: Die ganze Gemeinde der Erlösten wird Leib Christi genannt. Da nun trotz des Erdenweilens des Heilandes, wobei er all das Genannte auf sich genommen hat, die Striemen, das Kreuz, den Abstieg in den Hades, sich nicht alle bekehrten, nicht alle Tugend und Glauben annahmen, sondern die einen wohl, die anderen aber nicht, darum sagt er: „Er hat mein Antlitz abgewandt" von diesen, die meine Glieder sind, die mein Leib sind, „und ich geriet in Bestürzung (Ps 30, 8)". Wenn er (uns) also gerettet und losgekauft und befreit hat durch sein Blut, wieso sagt er dann: „Was für einen Gewinn brachte mein Blut, mein Hinabsteigen in den Tod?" Es war von grossem Gewinn – vielmehr sind nur jene gemeint, die bei ihren Schlechtigkeiten geblieben sind. Soweit es also euch betrifft, brachte mein Blut und mein Hinabsteigen in den Tod keinerlei Gewinn. Er sagt das also, um sie zur Bekehrung aufzurufen. Darum heisst es: „Wird etwa Staub dich preisen oder deine Wahrheit verkünden?" (Ps 30, 10). Sieh, es gibt welche, die „Staub" sind. Ich bin aber gekommen, um zu leiden, um sie umzuwandeln und sie aus staubgeborenen zu himmlischen Wesen zu machen. Da sie also noch darin verharren, das Bild des Staubgeborenen zu tragen, preisen sie dich nicht, ja werden nicht einmal deine Wahrheit verkünden. Ich bin aber gekommen, um sowohl die Wahrheit zu offenbaren, nachdem ich Irrtum und Lüge vernichtete, als auch um (dir) Lobpreis zu bereiten, auf dass man das Bild des Staubgeborenen ablege und wieder das des Himmlischen annehme (vgl. 1 Cor 15, 47–49). Er sagt also: „Wird etwa Staub dich preisen?" Wenn „Staub" dich nicht preist, so entstand, soweit es auf den Staub ankommt, aus meinem Blut und aus meinem Herabstieg in den Tod keinerlei Gewinn. [...] „Gehört hat mich der Herr und mir Erbarmen erwiesen." (Psalm 30, 11) Ich [Christus] jammerte, weil bei einigen nach meinem Hinabsteigen in den Tod keinerlei Gewinn erzielt wurde aus meinem Blut; aber dadurch, dass ich zu meinem Hause auferbaue, die Erbarmen empfangen haben, zeige ich, dass auch jene, die noch solcherart sind, einst gerettet werden; einst wird in ihnen das Heilmittel wirksam werden.[91]

[91] Psalmenkommentar III, S. 33ff.

Er [Gott] rettet zwar alle Menschen, aber auf verschiedene Weise, die einen erst nach langer Peinigung, die anderen aber, indem er ihnen Rast und Freude gewährt.[92]

Basierend auf seiner Erkenntnis, dass nicht alle gestürzten Wesen nach dem Sieg des Erlösers über den Unterweltherrscher bereit waren, sich Christus anzuschliessen, besass Didymos insbesondere gestützt auf Stellen des Alten und Neuen Testamentes präzise Kenntnisse darüber, auf welche Weise die Bewohner der Unterwelt unmittelbar nach dem Sieg von Christus in drei Hauptgruppen eingeteilt und voneinander gesondert wurden:

In der Prophezeiung des Daniel steht Folgendes: „Und viele von denen, welche schlafen" – er hat nicht gesagt „alle" –, „werden aus dem Staube der Erde aufstehen, die einen zum Leben, die anderen zur Verhöhnung und zur Schmach" (Dan 12, 2). Dreifach aber ist die Auferstehung im ersten Psalm (vgl. Ps 1, 5–6) ausgedrückt [da ein Psalm und damit eine Stelle aus dem Alten Testament zitiert wird, bezieht sich diese Stelle – aus der Sicht im Zeitpunkt der Abfassung des Psalmes – auf die Zukunft; aus unserer Sicht (nach der Erlösungstat und nach dem Letzten Gericht) bezieht sie sich hingegen auf die Vergangenheit; Didymos hat eine Zeitform dazwischen gewählt, nämlich das Präsenz]: Die Gottlosen stehen nicht zum Gericht auf. Die Gesetzesübertreter, welche das Gesetz empfangen und übertreten haben, die Sünder, stehen zum Gericht auf. Die Gerechten wachen nicht zum Gericht auf, sondern zum Empfang der Verheissungen. Hier heisst es also: „Und viele von denen, welche schlafen"; denn er rechnet nicht die Gottlosen dazu, die überhaupt nicht zum Gericht aufwachen, sondern nur diejenigen, welche „zur Verhöhnung und zur ewigen Schmach" aufstehen. Dies aber sind die Sünder. Die Gerechten (stehen) „zum ewigen Leben" (auf). Über diese beiden Klassen sagt auch der Heiland im Evangelium: „Und es werden hervorgehen: die einen, die das Gute getan haben, zur Auferstehung für das Leben, die anderen aber, die das Böse betrieben haben, zur Auferstehung für das Gericht" (Io 5, 29). Auch hier erwähnt er die Gottlosen nicht. Da also die Klasse der Gottlosen nicht berücksichtigt wird, hat er nicht gesagt, dass „alle" aufstehen, sondern „viele von denen, welche schlafen".[93]

---

92 Psalmenkommentar IV, S. 41.

93 Psalmenkommentar III, S. 87.

Abschliessend sollen zwei Kommentare von Didymos wiedergegeben werden, in welchen zusätzliche Zitate aus dem Alten und Neuen Testament enthalten sind, aus welchen hervorgeht, dass der Zweck des göttlichen Heils- und Erlösungsplanes (und insbesondere der Erlösungstat Christi) in der Errettung und Heimführung *aller* gestürzten Wesen und gerade nicht in der ewigen Verdammnis eines Teils der von Gott erschaffenen Persönlichkeiten besteht:

> *Denn er [Christus] ist nicht so sehr gekommen, um selbst zu sterben und aufzuerstehen, sondern wegen anderen. „Nach Gottes gnädigem Willen hat er für jeden den Tod gekostet" (Hebr 2, 9). Alle sind für sich selbst gestorben. Dieser hat nach Gottes gnädigem Willen für alle (den Tod) gekostet. „Uns drängt die Liebe Gottes in der Erwägung: Wenn einer für alle gestorben ist, sind also alle gestorben", damit die Gestorbenen nicht mehr tot sind, „sondern für den leben, der für sie gestorben und auferstanden ist" (vgl. 2 Cor 5, 14–15). Eine menschliche Schuld kann einer für einen anderen zurückerstatten, und Tadel und Vorwurf kann man für einen anderen auf sich nehmen. Den Tod aber kann keiner für einen anderen auf sich nehmen. Und sieh nur: Er hat (ihn) nur gekostet, nicht verschluckt, nicht verschlungen. Wer aber vom Tod verschlungen wird, verschlingt ihn auch selbst. „Der Tod gewann Macht und verschlang" (Is 25, 8). Derjenige hat den Tod verschlungen, welcher von ihm verschlungen worden ist. Da aber Jesus die „Sünde nicht verübt hat" (1 Pe 2, 22), der Tod aber nur durch die Überwindung der Sünde verschlungen wird und nur der Sünder verschlingt, darum hat er ihn also für jeden gekostet. Nur gekostet hat er ihn. Und er hat auch den Grund angegeben: „Um durch seinen Tod dem Gewalthaber über den Tod die Macht zu nehmen" (Hebr 2, 14). Durch seinen Tod hat er den Tod beseitigt.*[94]

> *Was aber ist grösser als die Welt zu retten, als nicht nur alles auf der Erde, sondern auch alles im Himmel friedlich zu vereinen (vgl. Col 1, 20)? Was ist grösser, als jenes zu vollbringen, aufgrund dessen alles im Himmel, auf der Erde und unter der Erde vor dem Heiland das Knie beugt zur Verherrlichung Gottes des Vaters (vgl. Phl 2, 10–11)?*[95]

---

[94] Psalmenkommentar I, S. 167.

[95] Psalmenkommentar I, S. 65.

Im folgenden Kapitel wird untersucht, auf welche Weise Didymos in seinem Sacharja-Kommentar (der bislang leider nicht in die deutsche Sprache übersetzt wurde) die Hadesfahrt Christi und deren Auswirkungen behandelt.

§ 6 Die Darstellung der Hadesfahrt Christi und deren Auswirkungen in Didymos' Sacharja-Kommentar

Didymos behandelt die Hadesfahrt Christi in seinem Sacharja-Kommentar unter drei verschiedenen Aspekten:

a) die Tätigkeit Christi als Oberbefehlshaber des himmlischen Streitheeres, als er nach seiner Kreuzigung in den Hades drang
b) Christus als Erretter der Seelen im Hades und auf der Erde
c) die Auswirkungen der Hadesfahrt Christi auf die vor der Erlösung bestehende Macht der Besiegten.

Auf diese drei Aspekte ist in den folgenden drei Kapiteln im Einzelnen einzugehen.

I. Christus als Oberbefehlshaber des himmlischen Streitheeres

Im Wissen darum, dass Christus nach seiner Kreuzigung zusammen mit dem himmlischen Streitheer in die Unterwelt eindrang und dort die gestürzten Wesen aus ihrer Knechtschaft befreite, bezeichnet Didymos Christus als „exzellenten General, der gesandt wurde, um den fürchterlich erschrockenen Feind zu besiegen":

> *So an excellent general was sent in the person of the one risen from the shoot, as has just now been established, to rout the terrified enemy, putting his hands on their back.*[96]

Vor dem Hintergrund, dass seit der Erlösungstat Christi der Weg für diejenigen gestürzten Wesen frei ist, die willens sind, die Unterwelt zu verlassen und den Heimweg in ihre ursprüngliche Heimat in der hohen jenseitigen Welt anzutreten, und dass die Menschen seit der Erlösungstat Christi nach ihrem irdischen Tod nicht mehr in die Unterwelt zurückkehren müssen, sondern in die Auf-

[96] Sacharjakommentar 6, S. 123.

stiegsstufen des Reiches Gottes geführt werden, zu welchem die Mächte der Unterwelt keinen Zutritt haben, hält Didymos in seinem Sacharja-Kommentar Folgendes fest:

> *Another interpretation of the prophecy [Sacharja 9, 8: I shall provide my house with an elevation to prevent going and coming; no one will invade them any longer to drive them off: Ich versehe mein Haus (d.h. das Reich Gottes) mit einer Erhebung, um ein Kommen und Gehen zu verhindern; niemand wird sie (die Aufstiegswilligen, d.h. diejenigen, die sich auf den Weg zurück in ihre Heimat in der hohen jenseitigen Welt gemacht haben) mehr (in der jenseitigen Welt) verletzen, um sie (aus dem Reich Gottes) zu vertreiben], however, might be as follows: Since the eyes have seen the savior coming for the benefit and salvation of all, everyone driving them out has been overcome, „power being given to walk on snakes and scorpions and all the power of Satan“.*[97]

Die grossen frühchristlichen Theologen waren Meister darin, die in der Bibel enthaltenen Sinnbilder zu entschlüsseln. Ein eindrückliches Beispiel einer solchen Entschlüsselung bilden die folgenden Darlegungen von Didymos, wonach im Alten Testament die Namen von bestimmten Bäumen als Sinnbilder für mächtige Persönlichkeiten der Unterwelt verwendet werden:

> *Now, the fact that the mention of different trees does not refer to inanimate things can be perceived from many texts, especially prophetic ones, which have to a degree been already cited. It suffices to recall one, that of the prophet Ezekiel, where Pharaoh and Assyria occur as trees, as it were. They are evil powers, tyrants respectively of Egypt and Assaria, with roots and with branches growing high, thanks to abundant water; out of envy they strive to emulate the trees of God's garden of delights, to have large boughs like those of firs and pines. I mean, how could such tyrants be understood as rivaling even in thickness and imitating material trees, in whose branches and limbs all the birds make their nest and where the wild beasts give birth?*[98]

Auf der Basis seiner Erkenntnis, dass im Alten Testament die Namen von bestimmten Bäumen als Sinnbilder für mächtige Persön-

---

97 Sacharjakommentar 9, S. 213.

98 Sacharjakommentar 11, S. 258f.

lichkeiten der Unterwelt verwendet werden, interpretiert Didymos die folgende Stelle im Buch Sacharja:

> *Sacharja 11, 1f.: „Open your doors, Lebanon, and let fire consume your cedars. Let the pine lament because the cedar has fallen, because the mighty were in severe difficulties. Lament, oaks of Bashan, because the dense forest has been felled." Übersetzung der Zürcher Bibel: Tue auf, Libanon, deine Tore, dass Feuer deine Zedern verzehre! Wehklage, Zypresse! Denn die Zeder ist gefallen, die Gewaltigen sind vernichtet. Wehklagt, ihr Eichen Basans! Denn der Bannwald ist gefällt.*

Ist man sich erst einmal bewusst, dass die Zedern, Zypressen und Eichen in der zitierten Bibelstelle als Sinnbilder für mächtige Persönlichkeiten der Unterwelt stehen, so lässt sich das Öffnen der Tore Libanons und die Fällung des dichten Waldes im Libanon in einen direkten Zusammenhang mit Christi Eindringen in die Unterwelt nach seiner Kreuzigung und der Besiegung der Mächte der Finsternis bringen. Thema von Sacharja 11, 1f. ist somit die Hadesfahrt Christi sowie sein Sieg über den Unterweltherrscher und dessen Anhänger, welche den gestürzten Vernunftwesen den sukzessiven Wiederaufstieg in die ursprüngliche Heimat in der hohen jenseitigen Welt und die Überwindung des Bösen ermöglicht haben. In genau diesem Sinne kann Didymos' Interpretation von Sacharja 11, 1f. verstanden werden:

> *The doors of Lebanon which the divine word bids open, vile as they are, are the same as the doors of death, to which the psalmist in the ninth psalm refers in speaking of God: „He raised me from the gates of death."*[99]
>
> *The word Lebanon in an allegorical sense sometimes means „idolatry", sometimes „arrogance and conceitedness". In the Song of Songs, remember, the church from the nations is summoned by Christ her bridegroom: „Come hither from Lebanon, my spouse, you will come and advance from the beginning of faith" (Hohelied 4, 8); in other words, having received Christ's word from the beginning, she comes to the one who calls her from the practice of vice to virtuous morality, and from ignorance and disbelief to the knowledge of God and a faith that has grown with her maturity. Just as, however, the text cited refers to Lebanon as the most impious cult of idols and demons,*

---

[99] Sacharjakommentar 11, S. 258.

so it highlights its arrogance in the verse „Lebanon will be transformed into Mount Carmel", that is to say, conceitedness and presumption will be brought to the knowledge of circumcision, which is called that of the heart through the spririt (Carmel meaning „knowledge of circumsicion"). The person who has this knowledge practices humility, having learned from Jesus to be lowly in heart and spirit. To this Lebanon in its twofold sense the inspired prophet – or, rather, the Lord through him – gives the word to open its doors so that the cedars within its doors may be devoured by fire. The cedars are sinful demons and arrogant people, smashed by the voice of the Lord, as is said in the twenty-ninth psalm in these terms: „Voice of the Lord smashing cedars, the Lord will smash the cedars of Lebanon." Against these trees, which are wild and bear no edible fruit, it is written in Isaiah in addition to other things „The Lord of hosts has a day against all that is proud, arrogant, lofty and elevated", and a little further on, „and against every cedar of Lebanon that is lofty and against every oak tree of Bashan". These trees that are so wild are grown for idolatry and arrogance, but are smashed and consumed by fire along with those who bring arguments to their defense, according to the further saying in Isaiah, „Lebanon will topple along with its lofty ones."[100]

II. Christus als Erretter der Seelen im Hades und auf der Erde

In seinem Sacharja-Kommentar behandelt Didymos die Hadesfahrt Christi unter einem weiteren Aspekt, indem er mehrfach hervorhebt, dass der Zweck der Erlösungstat Christi und des unmittelbar daran anschliessenden Kampfes in der Unterwelt die Errettung der Seelen im Hades und auf der Erde ist:

Now, this verse [I awoke because the Lord will defend me, Is 9,6 LXX] is applied to the savior awoken from the dead after having been asleep in respect of his humanity. After all, how was he not awoken from sleep when he rose from the dead after

100 Sacharjakommentar 11, S. 255f.

spending three days and three nights in the heart of the earth, bringing benefit to the souls in Hades, gladdening them and filling them with the enjoyment experienced there?[101]

„A dawning from on high" of the true light and the sun of justice „has shone upon those seated in darkness and a shadow of death", so that, with the darkness dissipated and the shadow of death no longer in existence, we may move from death to life, be illuminated and become a light in the Lord, casting off the darkness of ignorance of God and other vices, becoming a light in the Lord according to the sound values of the writer to some people, „For once you were darkness, but now light in the Lord."[102]

Hence, if he [God] had spared his Son by not giving him up „to taste death on behalf of everyone", we would have remained in the grip of ruination through transgression of the divine commandment. Instead, for us to become free, in his providence he surrendered his own Son.[103]

A different interpretation could be given to the verse „I have other sheep that are not of this fold", the sheepfold referring to this earthly world in which those with a body still live, whereas souls freed from it live for the time being in nether regions and were gathered by the good shepherd, who came to them when „he died for everyone" „so as to be lord of the living and the dead". If, then, there is one lord of dead and living with royal power and pastoral skill, the two flocks and kingdoms will emerge as one.[104]

---

[101] Sacharjakommentar 4, S. 84.
[102] Sacharjakommentar 6, S. 125f.
[103] Sacharjakommentar 11, S. 265.
[104] Sacharjakommentar 11, S. 267.

III. Die Auswirkungen der Hadesfahrt Christi auf die vor der Erlösung bestehende Macht der Besiegten

Didymos behandelt in seinem Sacharja-Kommentar die Hadesfahrt Christi unter einem dritten Aspekt, indem er aufzeigt, welches deren Auswirkungen auf die Herrschaft waren, welche die Gewaltherrscher im Hades über die gestürzten Vernunftwesen ausgeübt hatten, bevor sie durch Christi Erlösungstat und den unmittelbar daran anschliessenden Kampf im Hades besiegt wurden. So hält er fest, dass die jenseitig-geistigen Mächte, welche die Nationen der Erde vor der Erlösungstat Christi beherrschten, diese nicht mehr befehligen ("were no longer in command"[105]). Dabei bezieht er sich auf die folgende Passage von Sacharja 11, 10f.:

> *I shall take my beautiful staff and cast it aside to cancel my covenant that I made with all the peoples of the earth. It will be canceled on that day, and the Canaanites will know, the sheep that are protected, because it is the word of the Lord.*[106]

Didymos interpretiert diese Sacharja-Stelle auf folgende Weise:

> *A calling comes to the curch of those of the nations who found faith in Christ, referred to as a commendable staff – that is, a kingdom – when he says, I shall take my beautiful staff. This happens when the Father says to the Son, „Ask of me, and I shall give you nations for your inheritance." When the royal scepter was cast aside by the one who receives all the nations as an inheritance, the covenant made with all the peoples was canceled; it is said of it in the great song in Deuteronomy in these terms: „When the Most High apportioned the nations, when he dispersed the sons of Adam, he fixed the boundaries of the nations according to the number of God's angels". When this covenant was canceled by Christ, and the angels of the nations were no longer in command, all the nations became the heritage and portion of the one who cast aside the beautiful staff to dissolve the covenant with all the peoples. This excellent achievement was effected on the day arranged by the sun of justice, which the father of all the believing nations, Abraham, was*

[105] Sacharjakommentar 11, S. 272.
[106] Sacharjakommentar 11, S. 271.

most glad to see. That is to say, everyone who composed the nations was blessed in his offspring, provided they had his faith, which was reckoned as righteousness. In reference to this day the whole band of saintly people and also angels sing in these terms: „This is the day the Lord had made; let us be glad and rejoice in it.“ They are its sons, and the savior said to them, „You are the light of the world“; „the day has come, let us conduct ourselves soberly as in the daylight.“[107]

Die beiden bedeutenden frühchristlichen Theologen Origenes und Didymos erläuterten die mittel- und langfristigen Auswirkungen der Erlösungstat Christi und zeigten damit auf, was die vollständige Erfüllung des göttlichen Heils- und Erlösungsplanes in der Zukunft im Einzelnen bedeuten wird. Die entsprechenden Darlegungen von Origenes und Didymos bilden Gegenstand des folgenden Kapitels.

---

[107] Sacharjakommentar 11, S. 272.

§ 7 Die vollständige Erfüllung des göttlichen Heils- und Erlösungsplanes

I. Origenes' Lehre von der vollständigen Wiederherstellung der ursprünglichen göttlichen Ordnung

Origenes' Theologie zeichnet sich nicht nur durch eine fast einmalige Tiefgründigkeit, sondern auch durch eine Weitsicht aus, welche das menschliche Vorstellungsvermögen beinahe sprengt: Origenes' Blick reicht bis zu jenem Zeitpunkt in der fernen Zukunft, in welchem alle gestürzten Wesen (einschliesslich dem sog. „Lichtträger") reuig geworden sein werden, ihren Heimweg zu Gott und Christus zurückgelegt und sich wieder Christi Königtum in der hohen jenseitigen Welt unterworfen haben werden. Da dieses Ende mit dem ursprünglichen, glückseligen Zustand der göttlichen Ordnung übereinstimmt, hält Origenes wörtlich fest:

> *Dann können wir von diesem Ende her auf den Anfang der Welt blicken. Denn immer ist das Ende dem Anfang ähnlich; und daher muss, so wie das Ende von allem eines ist, so auch ein Anfang von allem angenommen werden.* [108]

Wann dieses Ende bzw. dieser Neuanfang eintreten wird, lässt sich nicht in Jahreszahlen ausdrücken (bis dahin werden Abermilliarden von Jahren vergehen), und dementsprechend sind in Origenes' Schriften auch keine genauen Zeitangaben über den Zeitpunkt der vollständigen Wiederherstellung der ursprünglichen göttlichen Ordnung zu finden. Diese Wiederherstellung bzw. Vollendung beschreibt Origenes mit den folgenden Worten:

> *(Das Wort) „Ende" lässt an eine „Vollendung" der Dinge denken. [...] Jedenfalls glauben wir, dass Gottes Güte durch seinen Christus die ganze Schöpfung zu einem einzigen Ende führen wird, in dem auch die Feinde unterworfen werden. Denn so sagt die heilige Schrift (Ps. 109 [110], 1): „So sprach der Herr zu meinem Herrn: setze dich zu meiner Rechten, bis ich die Feinde als Schemel unter deine Füsse lege." Wenn uns nicht*

---

[108] De principiis I 6, 2, S. 217.

ganz klar ist, was die prophetische Rede hier meint, so können wir es vom Apostel Paulus lernen, der klarer sagt (1 Kor. 15, 25): „Christus muss herrschen, bis dass er alle seine Feinde unter seine Füsse lege." Und wenn auch dieser klare Spruch des Apostels uns nicht genügend belehrt, was es heisst, die Feinde unter seine Füsse zu legen, so höre noch das, was bei ihm folgt (1 Kor. 15, 27): „Denn alles muss ihm unterworfen sein." Was ist das für eine Unterwerfung, in der Christus alles unterworfen sein muss? Ich meine, eben diese, in der auch wir ihm unterworfen zu sein wünschen; in der auch die Apostel und alle Heiligen ihm unterworfen sind, die Christus gefolgt sind. Denn das Wort „Unterwerfung", wenn es unsere Unterwerfung unter Christus meint, bedeutet das Heil der Unterworfenen, das von Christus kommt, wie auch David sagte (Ps. 61 [62], 2): „Wird nicht meine Seele Gott unterworfen sein? Denn von ihm kommt mein Heil." Wenn wir eine solche Vorstellung vom Ende haben, wo „alle Feinde Christus unterworfen sind", wo „als letzter Feind der Tod vernichtet wird", wo „das Reich von Christus, dem alles unterworfen ist, dem Gott und Vater übergeben wird" (vgl. 1 Kor. 15, 24–28): dann können wir von diesem Ende her auf den Anfang der Welt blicken. Denn immer ist das Ende dem Anfang ähnlich; und daher muss, so wie das Ende von allem eines ist, so auch ein Anfang von allem angenommen werden.[109]

Dabei betont Origenes, dass mit der „Vernichtung des letzten Feindes" in der Sprache der Bibel gerade nicht die Auslöschung der Existenz des Unterweltherrschers, sondern die Vernichtung seiner feindlichen, gegen Christus gerichteten Willensrichtung gemeint ist:

Darum heisst es denn auch, „der letzte Feind", welcher „der Tod" genannt wird [d.h. Luzifer], werde vernichtet (vgl. 1 Kor. 15, 26); es gibt also keine „Traurigkeit" mehr, wo der Tod nicht ist (vgl. Offb. 21, 4), und keine Verschiedenheit, wo kein Feind ist. Die „Vernichtung des letzten Feindes" ist aber so zu verstehen, dass nicht seine von Gott geschaffene Substanz vergeht, sondern seine feindliche Willensrichtung, die nicht von Gott, sondern von ihm selbst stammt. Er wird also vernichtet, nicht um (künftig) nicht zu sein, sondern um (künftig) nicht (mehr) „Feind" und „Tod" zu sein. Denn dem Allmächtigen „ist nichts unmöglich" (vgl. Hiob 42, 2), und nichts ist unheil-

---

109 De principiis I 6, 1f., S. 215ff.

bar für den, der es gemacht hat. Denn er hat alles geschaffen, damit es sei, und was geschaffen ist, damit es sei, kann nicht nicht sein. [110]

In seiner Homilie Lat. 2(2) zum Buch Jeremia hebt Origenes hervor, welche zentrale Stellung im göttlichen Heils- und Erlösungsplan dem Streben jeder einzelnen gefallenen Persönlichkeit zukommt, wieder das zu erlangen, was sie verloren hat (nämlich ihren glückseligen Platz in ihrer ursprünglichen Heimat in der hohen geistigen Welt vor ihrem Sturz in die Unterwelt):

> *Zuerst muss man aus der Mitte Babylons [Babylon wird an dieser Stelle als Sinnbild bzw. Bezeichnung für die Herrschaftsbereiche des Unterweltherrschers verwendet] fliehen, danach müssen die Einzelnen ihre Seelen erretten, nachdem sie geflohen sind. Es heisst aber nicht: rettet, sondern: errettet [resaluate: wiedererrettet]. Die Hinzufügung einer Silbe [re: zurück, erneut] weist auf ein Geheimnis hin: Weil wir einst das Heil gekostet haben und aus ihm wegen der Sünden später herausgefallen sind [im Rahmen des sog. Engelsturzes], sind wir nach Babylon [d.h. in die Unterwelt] gekommen. Aufgrund dessen muss jeder Einzelne seine Seele erretten, um nach dem Wort des Apostels Petrus anzufangen, das wieder zu bekommen, was er verloren hat: „Wir werden das Ziel des Glaubens, das Heil der Seelen, wiedererlangen. Nach diesem Heil haben die Propheten gesucht und geforscht, die über die uns zukommende Gnade prophezeit haben“ (1 Petr. 1, 9f.). Gleichwohl liegt es an uns, aus Babylon zu fliehen, und steht es in unserer Macht, ob wir wieder aufrichten wollen, was gefallen ist.* [111]

Hält man sich vor Augen, dass eine der grundlegendsten theologischen Lehren von Origenes die vollständige Wiederherstellung der ursprünglichen göttlichen Ordnung (einschliesslich der Heimkehr des verlorenen Sohnes, d.h. des „Morgensterns“) bildet, so wird einem bewusst, dass sich seine ursprüngliche, unverfälschte Theologie im folgenden Kernpunkt von den Dogmen der katholischen Kirche unterscheidet:

> Das Weltende ist gerade keine Schreckensvision, vor welcher sich die Gläubigen zu fürchten haben, denn es bedeutet

110 De principiis III 6, 5, S. 657.
111 Homilie Lat. 2 (2), 3 zum Buch Jeremia, S. 555ff.

nicht den Weltuntergang mit einem daran anschliessenden Strafgericht Gottes, durch welches die Ungläubigen zu ewigen Höllenstrafen verurteilt werden. Vielmehr besteht das Ende der Welt im Ende der Herrschaft des Bösen bzw. des „letzten Feindes" über sein Reich und damit in der vollständigen Überwindung des Todesreiches bzw. des Todes überhaupt. Da nach den theologischen Lehren von Origenes der Zweck der irdisch-materiellen Welt in der sukzessiven Heimführung der Gestürzten in die hohe jenseitige Welt besteht, wird die irdisch-materielle Welt ihren Zweck am Ende der Welt (d.h. im Zeitpunkt der vollständigen Überwindung des Todesreiches) erfüllt haben.[112] Im Zusammenhang mit dieser Erfüllung des Zwecks der irdischen Welt lehrte Origenes, dass sich der materielle Kosmos dann vollkommen vergeistigt haben wird (d.h. dass die Materie in geistige Substanz umgewandelt sein wird), so dass in jener fernen Zukunft – d.h. in Milliarden von Jahren – überhaupt keine Materie, sondern nur noch die jenseitige Welt existieren wird. Da der Grossteil des ursprünglich sehr umfangreichen Werkes von Origenes nicht überliefert wurde, sondern der Vernichtung anheimfiel, ist uns leider nicht der gesamte Inhalt seiner Lehre von der Vergeistigung der materiellen Welt zugänglich. In der uns überlieferten Version seines Werkes „De principiis" sind noch die folgenden, unverfälschten Ausführungen von Origenes über die Vergeistigung der Materie am Ende des materiellen Kosmos enthalten:

Wenn nun Paulus sagt (vgl. 2 Kor. 4, 18), einige Dinge seien „sichtbar und zeitlich", andere „unsichtbar und ewig", müssen wir fragen, inwiefern das Sichtbare zeitlich ist: Etwa deshalb, weil es überhaupt nicht mehr existieren wird in all jenen kommenden Zeiträumen, wo jene Zerteilung des einen Ursprungs zurückgeholt wird zur Einheit und Gleichheit des Endes? Oder deshalb, weil die Gestalt des Sichtbaren vergänglich ist, nicht aber seine Substanz ganz und gar vernichtet wird? Paulus scheint das Letztere zu bestätigen, wenn er sagt (1 Kor. 7, 31): „Denn die Gestalt dieser Welt wird vergehen." Auch David scheint dasselbe anzuzeigen, wenn er sagt (Ps. 101, 27): „Die

112 Präzise und konkret ausgedrückt wird die materielle Schöpfung ihren Zweck dann erfüllt haben, wenn sich alle gestürzten Vernunftwesen vom Ursprung allen Bösen (d.h. vom „Lichtträger") abgewandt haben und in ihrem geistigen Aufstieg so weit fortgeschritten sein werden, dass keine einzige Inkarnation in die irdische Welt mehr notwendig sein wird.

Himmel werden vergehen, aber du bleibest. Sie werden alle veralten wie ein Gewand, und wie ein Kleid wirst du sie wechseln, wie ein Gewand werden sie verändert werden." Denn wenn die Himmel verändert werden, so vergeht ja nicht, was verändert wird, und wenn die Gestalt dieser Welt vergeht, so bedeutet das keine völlige Auslöschung oder Vernichtung der stofflichen Substanz, sondern es geschieht eine Veränderung der Eigenschaften und der Gestalt.[113]

Auch aus dem Verdammungsedikt von Kaiser Justinian gegen Origenes von 553 n.Chr. geht hervor, dass Origenes die völlige Aufhebung der materiellen Natur und deren Umwandlung in eine immaterielle Natur (d.h. in eine feinstoffliche Substanz) lehrte, denn im 11. Anathematisma von 553 n.Chr. wird wörtlich ausgeführt:

Wenn einer sagt: Das kommende Gericht bedeute eine völlige Aufhebung der Körper, und am Ende dieser erdichteten Ereignisse stehe die immaterielle Natur, und in der Zukunft werde nichts Materielles bestehen, sondern der blosse Nus – so sei er im Banne.[114]

II. Das Thema der Erfüllung des göttlichen Heils- und Erlösungsplanes in Didymos' Sacharja-Kommentar

Bei der Beantwortung der theologischen Kernfragen, welches denn der Sinn und Zweck des göttlichen Heils- und Erlösungsplanes sind und was dessen vollständige Erfüllung für den Einzelnen und für die gesamte Schöpfung in der Zukunft überhaupt bedeuten wird, konnte Didymos aus dem Fundus schöpfen, den ihm der berühmte frühchristliche Theologe Origenes an der Christenschule in Alexandria hinterlassen hatte. Origenes' Lehre von der vollständigen Wiederherstellung der ursprünglichen göttlichen Ordnung wurde im vorangegangenen Kapitel behandelt. Im Folgenden soll anhand von Stellen aus dem Sacharja-Kommentar von Didymos

[113] De principiis I 6, 4, S. 229ff.
[114] 11. Anathematisma von 553 n.Chr. in der Übersetzung von Görgemanns/Karpp, S. 829.

aufgezeigt werden, dass Didymos den Sinn und Zweck des göttlichen Heils- und Erlösungsplanes wie Origenes in der vollständigen Wiederherstellung der ursprünglichen göttlichen Ordnung und damit in der Rückkehr aller gestürzten Vernunftwesen in ihre ursprüngliche Heimat in der hohen jenseitigen Welt erblickte.

Gestützt auf Sacharja 6, 12 legt Didymos seinen Lesern dar, dass der Endzweck der Erlösungstat Christi ist, dass alle gestürzten Vernunftwesen wieder Freunde anstatt Feinde des grossartigen Königs ("great king", d.h. Jesus Christus) werden, so dass die ursprüngliche, glückselige göttliche Ordnung wiederhergestellt werden ("rebuild the house of the Lord") und der Herr wieder mit den gestürzten Vernunftwesen zusammenleben wird, nachdem er sie zu sich gerufen und sie verwandelt hat ("so that he will dwell and walk among them, having summoned and transformed them"):

> *You will say to him, The Lord almighty says this: Here is a man, Dawn by name [Jesus Christus], and it will rise beneath him, and he will rebuild the house of the Lord (Zechariah 6, 12).*[115]

> *In keeping with the text in hand is the verse in the prophet Jeremiah running as follows: „Lo, the days are coming, says the Lord, and I shall raise up to David a righteous dawn, and he will reign as king, be understanding, and execute justice and righteousness on the earth. In his days Judah will be saved and Israel will dwell in confidence. This is the name by which the Lord will call him, Jehozadak among the prophets". In other words, the one raised up from David as a righteous dawn is the one shown to the revealer in the verse „Here is a man, Dawn is his name". This same man called Dawn on account of being „sun of justice", a righteous dawn raised up from David, we claim is none other than the one born of David's offspring according to the flesh, of whom the sacred herald Isaiah cries aloud in prophetic tones, „The root will spring from Jesse, raised up to govern nations; in him will nations hope, and his rest will be glorious". In writing to his „true disciple" Timothy, the apostle pens the same words, „Remember Jesus Christ raised up, of David's offspring".*[116]

---

[115] Sacharjakommentar 6, S. 121.
[116] Sacharjakommentar 6, S. 122.

> *The enemies who according to the third interpretation, however, were placed under the feet of the great king will become friends instead of adversaries, and rebuild the house of the Lord so that „he will dwell and walk among them“, having summoned and transformed them.* [117]

Didymos legt seinen Lesern nicht nur dar, dass der Endzweck des göttlichen Heils- und Erlösungsplanes die vollständige Wiederherstellung der ursprünglichen göttlichen Ordnung und damit die Rückkehr aller gestürzten Vernunftwesen in ihre ursprüngliche Heimat in der hohen jenseitigen Welt ist, sondern er zeigt ihnen gestützt auf Sacharja 14, 18 auch auf, welchen konkreten Weg jede einzelne Persönlichkeit beschreiten muss, um wieder in das Reich Gottes zurückkehren zu können:

> *Zeal should be shown through love of God to complete in a brisk manner [our] progress in virtue „with cries of joy and salvation.“ The purpose is for us to ascend as a result of this progress to the house whose foundations have been laid by the savior of all forever, and praise the one who has brought us to him after great progress, so that each may say with faith and knowledge, „Lord, I loved the beauty of your house and place of habitation of your glory“. By this, in fact, it becomes possible ro raise such hymns of song as, „I circled about in his tabernacle and sacrificed a sacrifice of rejoicing“. The person who is the recipient of this blessed and holy guidance, even if Egyptian or from another nation, will find rest as was the case also before the downfall, now that on the basis of complete and perfect virtue one occupies Jerusalem in the inner man.* [118]

Auch die folgende Prophezeiung im Buch Sacharja bezieht sich auf die vollständige Wiederherstellung der ursprünglichen göttlichen Ordnung (Sacharia 10, 8–10):

> *I shall send them a signal and welcome them, for I shall ransom them and they will become as numerous as they were before. I shall sow them among peoples, and those far off will remember me. They will raise their children and bring them back. I shall bring them back from the land of Egypt and welcome them*

---

[117] Sacharjakommentar 6, S. 127.

[118] Sacharjakommentar 14, S. 353f.

*from Assyria; I shall bring them into Gilead and into Lebanon, and **none of them, not one,** will be left behind.*[119]

Um den tieferen, geistigen Sinn dieser Prophezeiung erfassen zu können, benötigt man die Information, in welcher sinnbildlichen Bedeutung im Alten Testament die Begriffe „Ägypten", „Assyrien" und „Babylon" verwendet werden. Diese sinnbildliche Bedeutung erläutert Didymos im folgenden Abschnitt:

> *In a spiritual sense Assyrians, Babylonians, and Egyptians represent also incorporeal hostile powers treating the prisoners in their control in an inhumane fashion; it is not mortal Assyrians whose leader is called „haughty pride" in the description of Isaiah, „the Lord will afflict the haughty pride, the leader of the Assyrians." [...] This „haughty pride", commanding and ruling the Assyrians, taken in an allegorical sense, ruled the wickedness of the Babylonians in another sense, and in another the Egyptians, those who in an allegorical sense are spiritually Egyptians and Babylonians.*[120]

Mit Ägyptern, Assyrern und Babyloniern sind im Alten Testament somit in einem allegorischen Sinn Mächte bzw. Persönlichkeiten der Unterwelt gemeint, und Ägypten, Assyrien und Babylon stehen im Alten Testament als Sinnbilder für das Reich des Unterweltherrschers. Kennt man diese sinnbildhaften Bedeutungen, so weist die oben zitierte, in Sacharja 10, 8–10 enthaltene Prophezeiung den folgenden geistigen Sinn auf:

> Gott wird nach der Erlösungstat Christi [das Buch Sacharja wurde ja Jahrhunderte vor Christi Erdenleben verfasst und deshalb wird hier die Zukunftsform verwendet] ein Signal senden und die in den Hades gestürzten Wesenheiten willkommen heissen, denn er wird sie [aus der Gewaltherrschaft des Unterweltherrschers] auslösen, und sie werden [als Bewohner des Reiches Gottes] wieder so zahlreich werden, wie sie es vor dem Engelsturz waren. Gott wird die gestürzten Wesenheiten [mittels Inkarnationen auf der irdischen Welt] unter Menschen „säen", und diese inkarnierten Wesenheiten werden sich – als Menschen und damit weit entfernt vom Reiche Gottes lebend – an Gott erinnern. Sie werden ihre Kinder aufziehen und auf diese Weise dazu beitragen, dass

---

119 Sacharjakommentar 10, S. 242.

120 Sacharjakommentar 7, S. 151.

auch diese ihren Weg zurück ins Reich Gottes finden. Gott wird sie aus dem Land Ägypten [d.h. aus dem Reich des Unterweltherrschers] zurückholen und sie aus Assyrien [d.h. aus der Unterwelt] willkommen heissen. Er wird sie nach Gilead ["those anxious to have the transfer of witness (in Gn 31,37 Laban's „mount of witness" is called Gilead in Heb.), the transfer from vice to virtue"[121]] und nach Libanon [„Lebanon meaning „divinity" in the statement by the divine bridegroom to the godly bride"[122]] führen, und **keiner von ihnen, nicht ein einziger**, wird [in der Unterwelt] zurückgelassen werden.

Auch die folgenden Stellen aus dem Sacharja-Kommentar von Didymos belegen, dass dieser grosse Theologe aufgrund seiner lebenslangen, intensiven Beschäftigung mit den Texten des Alten und Neuen Testaments zur Überzeugung gelangte, dass Christus alle gestürzten Wesen erlöste und dass das Endziel des göttlichen Heils- und Erlösungsplanes darin besteht, dass alle gestürzten Vernunftwesen in ihre ursprüngliche Heimat in der hohen jenseitigen Welt zurückkehren werden. Somit bleibt für das Dogma der katholischen Kirche, wonach am sog. Jüngsten Tag ein Teil der Menschen zu ewigen Höllenstrafen verurteilt werden wird, kein Raum:

> *Once the munificent God had led into Gilead and Lebanon those redeemed from Pharaoh and Assyria, none of the enemies was left – not by existing no longer, since it is impossible for a rational being to be reduced to nothing, despite being guilty of every sin and awful impiety – but by no longer being foe and adversary of those redeemed by God. This will be particularly so when „God has become all in all", „when all come to maturity, to the measure of the full stature of Christ", „when they are united in the same mind and the same purpose". This will happen when the Son says to the Father „Grant that they may be one in us, as I and you are one". Clearly, when all receive the fullness of divinity, there is no one left who is cut off from this unity, out-side and alone; then all „grief, pain, and groaning will disappear", and likewise in place of great numbers all will be combined in one single man.*[123]

[121] Sacharjakommentar 10, S. 246.

[122] Sacharjakommentar 10, S. 247.

[123] Sacharjakommentar 10, S. 248.

Dass in der Theologie von Didymos für das Dogma der katholischen Kirche, wonach am sog. Jüngsten Tag ein Teil der Menschen zu ewigen Höllenstrafen verurteilt werden wird, kein Raum bleibt, zeigt sich auch deutlich in seinen Erläuterungen zu Sacharja 12, 9 und 14, 12. So führt er im Rahmen seiner Erläuterungen zu Sacharja 14, 12 aus, dass diejenigen Menschen, welche die christliche Kirche angreifen, wohl einen Sturz erleiden werden, dass auf diesen Sturz jedoch eine Erholung und ein stabiler Zustand folgen werden, die zu einer gewaltigen Auszeichnung führen werden ("their downfall will be followed by a recovery and stable condition that win exceeding commendation"):

> *This will be the downfall with which the Lord will strike all the people who attack Jerusalem. Their flesh will wither while they are still on their feet, their eyes run from their sockets, and their tongues rot in their mouths (Sacharja 14, 12).*[124]
>
> *This misfortune did not affect to the same extent those besieging and plundering the material Jerusalem as the people persecuting Christianity and the Church of Christ, which is Jerusalem taken anagogically.*[125]
>
> *God strikes those encircling Jerusalem with hostile intent so that they may desist from the awful condition they adhere to in being devoted to their superstitious service. When their downfall occurs for their own good, it will be followed by a recovery and stable condition that win exceeding commendation. In reference to this prophecy the righteous Simeon, filled with the Holy Spirit, took into his arms the infant born of Mary and gave witness in the words „Lo, this is the one who is set for the downfall and rise of many" (Lukas 2, 34).*[126]
>
> *On that day I shall seek to do away with all the nations advancing on Jerusalem (Sacharja 12, 9).*[127]
>
> *Now, he is seeking to do away with all the nations at odds with truth and reverence for God, not to the extinction of all human beings – something impossible – but for them to be no longer evil and wicked. [...] You see, just as our Lord and savior came*

---

[124] Sacharjakommentar 14, S. 341.
[125] Sacharjakommentar 14, S. 341.
[126] Sacharjakommentar 14, S. 342.
[127] Sacharjakommentar 12, S. 299.

to seek our race, which was lost, and saved it, so in seeking to do away with all the nations advancing on Jerusalem he saves them.[128]

All the nations, in fact, will become his inheritance when they abandon all superstition and polytheistic error.[129]

Now, what will follow for those mindful of the sovereign if not the constant recollection of „the city of the living God", which is a heavenly city according to the verse „You who are at a distance, remember the Lord, and let Jerusalem come into your heart".[130]

---

[128] Sacharjakommentar 12, S. 299.

[129] Sacharjakommentar 9, S. 207.

[130] Sacharjakommentar 10, S. 245.

§ 8 Der Anfang des Alten Testaments im Lichte von Origenes' und Didymos' Theologie

Ihre präzisen Erkenntnisse über die Ursachen des sog. Engelsturzes, über die Erschaffung der Unterwelt und der materiellen Welt als Folgen des Engelsturzes sowie über die Präexistenz jeder einzelnen menschlichen Persönlichkeit und ihre Beteiligung am Engelsturz ermöglichten es Origenes und Didymos, die Texte des Alten und Neuen Testamentes in ihrer geistigen Tiefe zu erfassen. Leider wurde der überwiegende Teil ihres Lebenswerks vernichtet, da ihre urchristliche Sichtweise im Laufe der Jahrhunderte je länger je weniger mit den sich entwickelnden kirchlichen Dogmen in Einklang zu bringen war. Glücklicherweise ist trotzdem ein Teil ihres überaus umfangreichen Schrifttums nicht der Vernichtung anheimgefallen. Auch wenn diese überlieferten Schriften – wie Origenes' Grundlagenwerk „De principiis" – nicht von „Überarbeitungen" durch kirchentreue Anhänger verschont geblieben sind und dementsprechend zahlreiche Weglassungen und Einfügungen aufweisen, so ermöglichen sie dennoch eine zumindest partielle Erschliessung ihrer tiefgründigen Auslegungen des Alten und Neuen Testamentes. Welche gewaltigen Unterschiede zwischen ihrem urchristlichen Verständnis der Heiligen Schrift und dem heute gängigen (teilweise sehr oberflächlichen und verweltlichten) Bibelverständnis bestehen, kann insbesondere anhand der grundlegend verschiedenen Interpretationen des Anfangs des Alten Testaments aufgezeigt werden.

I. Die Auslegung von Genesis 1, 1–5

Das Alte Testament beginnt (in der Übersetzung der Zürcher Bibel) mit den folgenden Worten: „Im Anfang schuf Gott den Himmel und die Erde. Die Erde war aber wüst und öde, und Finsternis lag auf der Urflut, und der Geist Gottes schwebte über den Wassern. Und Gott sprach: Es werde Licht! Und es ward Licht. Und

Gott sah, dass das Licht gut war, und Gott schied das Licht von der Finsternis. Und Gott nannte das Licht Tag, und die Finsternis nannte er Nacht. Und es ward Abend und ward Morgen: ein erster Tag."

Dieser Bibeltext wird heutzutage gemeinhin ausschliesslich auf den *Beginn unserer materiellen Welt* bezogen. Demgegenüber versuchte Origenes seinen Schülern und Lesern die Augen zu öffnen, worauf dieser Text tatsächlich Bezug nimmt und welches sein tieferer *geistiger* Sinngehalt ist. Zu diesem Zweck knüpfte er als Erstes an eine grammatikalische Eigenheit des ersten Satzes an, die häufig überlesen wird: Es heisst nicht „am Anfang schuf Gott den Himmel und die Erde", sondern „im Anfang schuf Gott den Himmel und die Erde". Origenes legte seinen Schülern dar, dass mit diesem Anfang nicht einfach ein zeitlicher Anfang, sondern eine ganz bestimmte Persönlichkeit zu verstehen ist:

> *Was ist der Anfang von allem, wenn nicht unser Herr und Erlöser von allem, Jesus Christus, der Erstgeborene aller Schöpfung? In diesem Anfang also, das heisst in seinem Wort, schuf Gott Himmel und Erde, wie es auch der Evangelist Johannes zu Beginn seines Evangeliums sagt: „Im Anfang war das Wort, und das Wort war bei Gott, und das Wort war [ein] Gott. Dieses war im Anfang bei Gott. Alles wurde durch es erschaffen, und ohne es wurde nichts erschaffen." Die Schrift spricht hier also nicht von einem zeitlichen Anfang, sondern sagt, dass Himmel und Erde und alles, was erschaffen wurde, im Anfang erschaffen wurden, das heisst im Erlöser.* [131]

Wenn der erste Satz des Alten Testaments nach Origenes' Erkenntnissen nicht einfach von einem zeitlichen Anfang (und damit insbesondere nicht vom Beginn unserer materiellen Welt) handelt, so drängt sich die Frage auf, auf welche Geschehnisse in der Schöpfungsgeschichte sich denn die beiden ersten Abschnitte der Genesis beziehen. Aufgrund der noch erhaltenen, ursprünglichen Ausführungen von Origenes in seinen Homilien zum Buch Genesis lässt sich diese Frage präzise beantworten:

Basierend auf seinen profunden Kenntnissen der überlieferten Bibeltexte ging er vom folgenden Wortlaut des zweiten Satzes des Alten Testaments aus: „Die Erde aber war unsichtbar und unge-

---

[131] Homilie 1, 1 zum Buch Genesis, S. 27.

stalt, und Finsternis lag über dem Abgrund, und der Geist Gottes schwebte über den Wassern."[132] Den Teilsatz „Finsternis lag über dem Abgrund" legte Origenes folgendermassen aus:

> *Was ist der Abgrund? Natürlich der Ort, in dem der Teufel und seine Engel liegen werden. Dies bringt ja auch das Evangelium ganz klar zum Ausdruck, wenn es vom Erlöser heisst: „Und die Dämonen, die er austrieb, baten ihn, er solle sie nicht heissen, in den Abgrund zu fahren."*[133]

Da Origenes im soeben zitierten Abschnitt ausführt, dass mit dem Abgrund, über welchem Finsternis lag, der Ort gemeint ist, in dem der Teufel und seine Engel *liegen werden*[134], bezieht er den ersten Abschnitt der Genesis auf diejenige Epoche der Schöpfungsgeschichte, welche dem sog. Engelsturz unmittelbar voranging (und in welcher die materielle Welt noch gar nicht erschaffen – und in dem Sinne unsichtbar und nicht gestaltet – war). Ist man erst einmal im Besitz der Erkenntnis, dass der erste Abschnitt der Genesis nicht vom Anfang unserer materiellen Welt, sondern von der Epoche vor dem Engelsturz handelt, so erhellt in Kenntnis der Vorgänge, die sich in der hohen jenseitigen Welt vor dem Engelsturz abspielten (siehe § 3 I.), der tiefere geistige Sinn der ersten beiden Abschnitte der Genesis: Aus Stolz und Eifersucht wollte Luzifer

---

132 Homilie 1, 1 zum Buch Genesis, S. 27.

133 Homilie 1, 1 zum Buch Genesis, S. 27f.

134 Da die Stelle aus dem Alten Testament, die Origenes hier kommentiert, von der Zeit vor dem sog. „Engelsturz" handelt, gebraucht er die Zukunftsform (der Abgrund bzw. „Ort, in dem der Teufel und seine Engel liegen werden"). Demgegenüber verwendet Origenes im folgenden Abschnitt seiner Homilie 1, 2 zum Buch Genesis, der sich auf die Zeit nach dem Engelsturz – d.h. auf die Gegenwart – bezieht, im Zusammenhang mit dem „Abgrund" die Präsensform („in dem der Fürst dieser Welt und der Widersacher, der Drache und seine Engel, hausen"): „Ein jeder von euch trachte also danach, dass er zur Scheidelinie werde zwischen dem Wasser, das oben ist, und dem, das unten ist, damit er dadurch Einsicht und Anteil erlange am geistigen Wasser, das über dem Gewölbe ist, und „aus seinem Bauch Ströme" „lebendigen Wassers" fliessen lasse, „das ins ewige Leben sprudelt" – zweifelsohne geschieden und getrennt von dem Wasser, das unten ist, das heisst vom Wasser des Abgrunds, in dem, wie es heisst, die Finsternis liegt, in dem, wie oben dargelegt, „der Fürst dieser Welt" und der Widersacher, der Drache und seine Engel, hausen" (Homilie 1, 2 zum Buch Genesis, S. 31).

die Stellung von Christus als König der hohen jenseitigen Welt nicht mehr akzeptieren, und es gelang ihm, im Verlaufe von unermesslich langen Zeiträumen insgesamt einen Drittel[135] der Vernunftwesen der hohen jenseitigen Welt auf seine Seite zu ziehen und gegen Christus aufzuwiegeln. Gott schritt gegen die Propaganda von Luzifer und seiner Anhänger während Äonen nicht ein; vielmehr sollte jedes einzelne Vernunftwesen aus freiem Willen (d.h. insbesondere ohne Drohungen und Zwang) entscheiden, ob es Christus und den Tugenden der göttlichen Staatsordnung die Treue halten oder sich Luzifer und dessen Wertordnung anschliessen mochte. Für diese Entscheidung liess Gott den Vernunftwesen der hohen jenseitigen Welt mehr als genug Zeit, indem er sich zunächst während Äonen darauf beschränkte, das Werben von Luzifer und dessen immer zahlreicher werdenden Anhängerschaft genau zu beobachten. Im ersten Abschnitt der Genesis wird dieses Zuwarten und genaue Beobachten in sinnbildhafter Weise mittels der Formulierung „und der Geist Gottes schwebte über den Wassern" ausgedrückt, wobei mit den „Wassern" die Gesamtheit der Vernunftwesen der hohen jenseitigen Welt gemeint ist. Aus den folgenden Stellen aus dem Werk von Didymos (einem Nachfolger von Origenes an der Christenschule in Alexandria) geht eindeutig hervor, dass die im Geiste von Origenes unterrichteten frühen Christen den Begriff „Wasser", der im Buch Genesis verwendet wird, nicht wörtlich bzw. in irdisch-materieller Weise, sondern in geistiger Weise im Sinne von „die von Gott erschaffenen Vernunftwesen" auffassten:

> *„The waters saw you, O God, they saw you and were afraid" [Ps 77, 17] obviously not in reference to material waters... because they [material waters] have neither fear nor sight, lifeless as they are.*[136]

> *With the rational animals represented by the water, therefore, the implication is that some were made in vice and some in virtue on their own impulse and volition. While all were made with the intention of their possessing virtue, in fact, some of their own accord did not preserve what was given.*[137]

135 Vgl. Offenbarung 12, 4.
136 Genesiskommentar I, 41, S. 28.
137 Genesiskommentar I, 62, S. 32.

Gott wartete nicht nur aus dem Grund derart lange zu, um jedem einzelnen Vernunftwesen eine Entscheidung aus freiem Willen und nach reiflicher Überlegung zu gewährleisten, sondern mit seinem Zuwarten eröffnete er Luzifer und seiner Anhängerschaft während unermesslich langen Zeiträumen auch die Möglichkeit, zu besserer Einsicht zu gelangen, Reue zu zeigen, von ihrem Kampf gegen Christus abzulassen und sich von ihrer Werthaltung (in welcher Eifersucht, Stolz, Ehrgeiz und Herrschsucht die obersten Ränge einnehmen) zu lösen. Als Gott nach Äonen des Zuwartens erkennen musste, dass Luzifer und seine Anhängerschaft den einmal von ihnen eingeschlagenen Weg keinesfalls verlassen würden, sondern sich vielmehr derart radikalisierten, dass sie auch nicht mehr von einer gewaltsamen Auseinandersetzung mit Christus und dessen Anhängerschaft zurückschreckten, liess Gott durch treue, hohe jenseitige Persönlichkeiten unter der Führung des Erzengels Michael im Geheimen die Unterwelt als zukünftige Bannstätte von Luzifer und dessen Anhängerschaft erschaffen. Diese geheime (d.h. insbesondere den Augen Luzifers und seiner Anhänger verborgene) Erschaffung der Unterwelt wird im ersten Abschnitt der Genesis mittels folgender, sinnbildhafter Worte beschrieben: „Finsternis lag über dem Abgrund." Sehr zutreffend merkt Origenes – wie bereits oben aufgezeigt – zu dieser Bibelstelle an: „Was ist der Abgrund? Natürlich der Ort, in dem der Teufel und seine Engel [nach dem Engelsturz] liegen werden."

Hält man sich vor Augen, dass der erste Abschnitt der Genesis von der Erschaffung der Unterwelt *vor dem Engelsturz* handelt, so erkennt man, was das Thema des zweiten Abschnitts der Genesis bildet: Nachdem Gott während unermesslich langer Zeiträume Luzifer und dessen Anhänger in der hohen jenseitigen Welt in ihrem Treiben gegen Christus gewähren liess, schritt er in jenem Zeitpunkt ein, in welchem es kein Zurück mehr gab (weil Luzifer seine Vorbereitungen für einen gewaltsamen Angriff gegen Christi Königtum abgeschlossen hatte). Dieses Einschreiten Gottes war ebenso konsequent wie sorgfältig vorbereitet: Das Königtum Christi in der hohen jenseitigen Welt wurde ein für allemal gefestigt, indem Luzifer mitsamt seiner Anhängerschaft aus der hohen jenseitigen Welt verbannt und in die (zuvor im Geheimen erschaffene) Unterwelt gestürzt wurde. Das konsequente Einschreiten Gottes in der Form der vollständigen Wiederherstellung der Rechte Christi als König der hohen jenseitigen Welt mittels der Verbannung Luzifers und seiner Anhänger in die Unterwelt wird im zweiten Abschnitt der Genesis mittels folgender Worte beschrieben: „Und Gott sprach: Es werde Licht! Und es ward Licht [d.h. die während Äonen gegen Christi Königtum hetzenden Schatten wurden aus der hohen jenseitigen Welt entfernt und in die Unterwelt verbannt, wodurch die hohe jenseitige Welt wieder vollständig im Licht des Königtums Christi und seiner tugendhaften Leitung erstrahlen konnte]. Und Gott sah, dass das Licht [d.h. Christus] gut war, und Gott schied das Licht von der Finsternis." Dementsprechend existieren vom Zeitpunkt des Engelsturzes an in der Schöpfung zwei grundverschiedene Reiche: Die lichtvolle, hohe jenseitige Welt und das finstere Reich Luzifers. In diesem Sinne wird im zweiten Abschnitt der Genesis festgehalten: „Und Gott nannte das Licht Tag, und die Finsternis nannte er Nacht."

Dass die im Geiste von Origenes unterrichteten Christen die zitierte Bibelstelle ("Und Gott sprach: Es werde Licht! Und es ward Licht. Und Gott sah, dass das Licht gut war, und Gott schied das Licht von der Finsternis") in einen unmittelbaren Zusammenhang mit Christus brachten, geht aus der folgenden Erläuteurung von Didymos hervor:

> *It was said before that the phrase „Let there be light" should be applied to the Savior, not that he was brought into being from what did not exist, but by comparison with those to whom he gives light.* [138]

Das konsequente Eingreifen Gottes im Rahmen des sog. Engelsturzes bedeutete für Christus und die ihm treu gebliebenen Vernunftwesen ein Ende der ständigen Hetzjagd von Luzifer und seiner Anhängerschaft in der hohen jenseitigen Welt, der sie während Äonen ausgesetzt waren. Dementsprechend brach für sie ein neuer Morgen an, während der Engelsturz für Luzifer und seine Anhänger das Ende ihres Aufenthaltes im Licht und den Beginn finsterster Nacht darstellte. Doch auch wenn es für sie im sprichwörtlichen Sinn Nacht wurde, so folgte auf diese Nacht auch für sie ein Morgen, denn Gott erbarmte sich der in die Unterwelt Gestürzten und bereitete für sie Aufstiegsmöglichkeiten und damit ihre Rückkehr in ihre ursprüngliche Heimat in der hohen jenseitigen Welt

---

138 Genesiskommentar I, 101, S. 47.

vor (siehe die nachfolgenden Ausführungen zum dritten und vierten Abschnitt der Genesis). In diesem Sinn bildet ihre Verbannung in die Unterwelt nicht das Ende, sondern das erste Kapitel einer neuen Epoche in der Schöpfungsgeschichte bzw. den ersten von sieben „Tagen“ im Heils- und Erlösungsplan Gottes. All diese bedeutungsvollen Inhalte werden im zweiten Abschnitt der Genesis kurz und prägnant im folgenden Satz zusammengefasst: „Und es ward Abend und ward Morgen: ein erster Tag.“

II. Die Interpretation des zweiten bis siebenten „Tages“ der Schöpfungsgeschichte

Im vorhergehenden Kapitel wurde aufgezeigt, dass nach den Erkenntnissen der frühchristlichen Theologen Genesis 1, 1–5 und insbesondere der darin beschriebene „erste Tag“ von Geschehnissen in der jenseitigen Welt und gerade nicht im irdisch-materiellen Berich handelt. Es drängt sich daher die Frage auf, ob auch der „zweite Tag“ (Genesis 1, 6–9) auf Geschehnisse in der jenseitigen Welt zu beziehen ist. Die in Genesis 1, 6–9 enthaltene Schilderung lautet folgendermassen:

> *Und Gott sprach: Es werde eine Feste inmitten der Wasser, und sie scheide die Wasser voneinander! Und es geschah also. Gott machte die Feste und schied die Wasser unter der Feste von den Wassern über der Feste. Und Gott nannte die Feste Himmel. Und es ward Abend und ward Morgen: ein zweiter Tag.*

Der Inhalt dieser Schilderung weist darauf hin, dass damit nicht (primär) auf die irdisch-materielle Welt Bezug genommen wird, denn der irdische Himmel *scheidet nicht* Wasser unterhalb und oberhalb seines Raumes, sondern er *enthält* vielmehr Wasser insbesondere in Form von Wolken, und dieses Wasser wird nicht von der Erde geschieden, sondern in Form von Regen wieder der Erde zurückgegeben. Origenes machte seine Studenten und Zuhörer jeweils darauf aufmerksam, dass in der Bibel an zahlreichen Stellen (zum Beispiel im Rahmen von Erzählungen) Schilderungen eingeflochten sind, die sich nachweislich unter historischen, wissenschaftlichen oder logischen Gesichtspunkten als *unzutreffend* erweisen, und er hob in diesem Zusammenhang jeweils hervor, dass die Verfasser der entsprechenden Textstellen die Leser mit solchen Schilderungen dazu anleiten wollten, beim Studium der Bibel nicht am blossen Wortlaut zu haften, sondern nach der tieferen, sinnbildlichen bzw. geistigen Bedeutung zu forschen. Im vorhergehenden Kapitel wurde erläutert, dass mit dem Begriff „Wasser" in Genesis 1, 2 die Gesamtheit der vernunftbegabten Wesen in der hohen jenseitigen Welt bezeichnet wird. Während Genesis 1, 2 von der Zeit vor dem Engelsturz handelt (siehe vorhergehendes Kapitel), bezieht sich Genesis 1, 3–5 und damit der „zweite Tag" auf die Zeitepoche nach dem Engelsturz, und dementsprechend wird zwischen „Wassern über der Feste" (d.h. den Christus treu gebliebenen Vernunftwesen, die in der hohen jenseitigen Welt leben) und den „Wassern unter der Feste" (d.h. den im Rahmen des Engelsturzes in die Unterwelt verbannten Wesen) unterschieden. Tatsächlich legt Didymos die Bibelstelle „Und Gott sprach: Es werde eine Feste (engl. „firmament") inmitten der Wasser, und sie scheide die Wasser voneinander!" in seinem Genesiskommentar genau in dieser geistigen Sichtweise als Scheidelinie zwischen der Unterwelt und der hohen jenseitigen Welt aus:

> *Just as in that context there is reference to virtue and vice in a „chasm" that separates evil from good, therefore, so too in this case God made a firmament in the middle oft he water, that is, in the faculty of governance, so that there should be a discernment between good an evil.*[139]

> *It had been said that the firmament was made in the middle of the waters, so that some water remained above, some below.*[140]

> *In regard to the spiritual sense that is keeping with the preceding verses, our claim is that the waters abiding above the firmament are not material nor parts of these material waters; after all, there are no plants or animals there that are subject to this need of water. What has been said before this is suffcient proof that the water there ist not material. Our claim, then, is that it is the rational beings abiding in a worse situation on ac-*

[139] Genesiskommentar I, 64, S. 33.
[140] Genesiskommentar I, 71, S. 36.

count of their own vices that are the waters held under the firmament in many and varied masses.[141]

Sehr beeindruckend ist, dass Didymos als Nachfolger von Origenes in seinem Genesiskommentar hervorhob, dass es sich bei dieser Scheidelinie zwischen Gut und Böse nicht um eine in alle Ewigkeit bestehende Trennlinie zwischen den „himmlischen Wassern" und den in die Tiefe (d.h. in den Hades) gestürzten Wassern handelt, sondern dass im göttlichen Heilsplan ("the saving divine plan") vorgesehen ist, dass sich die gestürzten Vernunftwesen (die von Gott in der Absicht erschaffen wurden, dass sie ihre Tugenden behalten würden, jedoch aus eigenem Antrieb das ihnen gegebene Gute nicht bewahrten) wieder bessern und zu den „himmlischen Wassern" zurückkehren können. Obwohl ein Teil der entsprechenden Stellen des Genesiskommentars von Didymos nur sehr bruchstückhaft überliefert ist, geht aus dem noch vorhandenen Text dessen ursprünglicher Sinn klar und deutlich hervor:

With the rational animals represented by the water, therefore, the implication is that some were made in vice and some in virtue on their own impulse and volition. While all were made with the intention of their possessing virtue, in fact, some of their own accord did not preserve what was given. Since God had also made human beings upright, and yet they departed from uprightness... different... water not substantial...Likewise, in fact... the saving divine plan..., yet it was not made in vain: there was a correction for the...[142]

Since what was under the firmament, then, were rational beings in the grip of vice and a tendency to evil, and since vice is disordered and confused, it is impossible for them to be in the one „will" and coice. [...]There was a dispersion, therefore, of the waters, which we assumed to be the rational beings in the grip of different mindsets and morals. So God wants them to be one, since he deigned to bring them benefits, being their Creator. It was mentioned before, remember, that he is the author of their being, whereas each of them is responsible for the diversity of their mindset. It is God himself, then, who orders them to be gathered together into one mass so that they may become water like that which is above the heavens – one, not in number, but

[141] Genesiskommentar I, 74, S. 37.

[142] Genesiskommentar I, 63, S. 32.

in accord. Actually, the „one heart and soul" of all the believers is a matter not of number; instead, it is realized as one in accord and in pursuit of the same purpose and the one goal. The God of all therefore orders the things that were divided to be brought into harmony; this is the intention of the beneficent God. Since they were confused and at odds in their mindset, they were first gathered together in masses. There was no inconsistency between the order given and the statement that they „were gathered together into their masses" although God had said „let the water be gathered together into one mass"; befitting those not yet arrived at the goal of the highest virtue is the gathering that is progressing toward it.[...] In this way, too, the rational beings subject to vice would not succeed in arriving at the ultimate goal unless different stages occurred, like the heaps of waters; he bids completion in one mass be arrived at after progress is made. So what happened was not inconsistent with the order; instead, just as the order contributes to the completion of the order, there is an overall plan predisposing the rational beings, insofar as they are able, to reach the goal in this way. „And so it was; and the water was gathered together into their masses." On the one hand, God's purpose was for what was dispersed to be assembled into one – what he says, in fact – and in their case, on the other hand, after falling short for a while of their goal they were „gathered together into their masses", which were the stages of development.[143]

Ganz im Sinne der sukzessiven, *stufenweise* Erfüllung des göttlichen Heils- und Erlösungsplanes verwendet Origenes in der folgenden Stelle seiner Homilie zum Buch Genesis die „Feste" bzw. den „Himmel", welche gemäss Genesis 1, 6–9 die „Wasser über der Feste" von den „Wassern unter der Feste" scheidet, als Sinnbild für den *geistigen* bzw. „himmlischen" Menschen (d.h. für den Geist eines Menschen, der auf die hohe jenseitige Welt ausgerichtet, aber in einen irdisch-materiellen Körper inkarniert ist) und gerade nicht für den körperlichen (d.h. fleischlich-materiellen) Menschen, wenn er ausführt:

Wie folglich das Gewölbe [bzw. die „Feste"] deshalb Himmel genannt wurde, weil es zwischen den Wassern über ihm und denen unter ihm scheidet, so wird man auch den vom Leib beherbergten Menschen – wenn er zu scheiden und zu unterschei-

---

[143] Genesiskommentar I, 79–83, S. 38ff.

den versteht zwischen den Wassern, die oben über dem Gewölbe sind, und denen, die unter dem Gewölbe sind – selbst Himmel nennen, das heisst himmlischen Menschen, gemäss dem Wort des Apostels Paulus, der sagt: „Doch unser Wandel ist in den Himmeln." So also besagen es die eigenen Worte der Schrift: „Und Gott schuf das Gewölbe und schied mitten zwischen dem Wasser, das unter dem Gewölbe ist, und mitten zwischen dem Wasser, das oberhalb des Gewölbes ist. Und Gott nannte das Gewölbe Himmel. Und Gott sah, dass es gut ist. Und es wurde Abend, und es wurde Morgen: der zweite Tag." Ein jeder von euch trachte also danach, dass er zur Scheidelinie werde zwischen dem Wasser, das oben ist, und dem, das unten ist, damit er dadurch Einsicht und Anteil erlange am geistigen Wasser, das über dem Gewölbe ist, und aus seinem Bauch Ströme lebendigen Wassers fliessen lasse, das ins ewige Leben sprudelt – zweifelsohne geschieden und getrennt von dem Wasser, das unten ist, das heisst vom Wasser des Abgrunds, in dem, wie es heisst, die Finsternis liegt, in dem, wie oben dargelegt, der Fürst dieser Welt und der Widersacher, der Drache und seine Engel, hausen. Durch seine Teilhabe an jenem oberen Wasser also, das, wie es heisst, über den Himmeln liegt, wird jeder Gläubige zum Himmlischen – wenn er seinen Sinn im Hohen und Erhabenen bewegt, nicht ans Irdische, sondern ganz ans Himmlische denkt und nach dem sucht, was oben ist, wo Christus zur Rechten des Vaters weilt. Dann nämlich wird Gott auch ihn des Lobes für würdig erachten, das hier geschrieben steht, wenn es heisst: „Und Gott sah, dass es gut ist."[144]

Um das Sinnbild vom Menschen als „Himmel" bzw. als Scheidelinie zwischen dem Wasser, das oben ist, und dem Wasser, das unten ist, zu präzisieren, hat Origenes ursprünglich (sinngemäss) festgehalten, dass der Mensch in diesem Gleichnis insofern in sinnbildhafter Weise mit dem „Himmel" in Beziehung gesetzt wird, als er sich als geistiges Wesen mit seinem Bewusstsein nach dem jenseitigen Himmel (d.h. nach der hohen jenseitigen Welt) ausrichtet, und dass sein Geist insofern eine „Feste" bzw. einen „Himmel" darstellt, als er – wie in Genesis 1, 6–9 beschrieben – die „Wasser über der Feste" von den „Wassern unter der Feste" scheidet. Demgegenüber ist der irdische Himmel lediglich ein materielles Gebilde,

---

[144] Homilie 1, 2 zum Buch Genesis, S. 31.

das auf derselben Stufe wie der äussere, materielle Körper des Menschen steht. Der Mensch ist daher als ein geistiges Wesen zu verstehen, das während seines irdischen Lebens in einen materiellen Leib inkarniert ist und seine materielle Umgebung mittels der Sinnesorgane dieses materiellen Leibes wahrnimmt. Diese präzisierenden Ausführungen von Origenes haben die Verfälscher von Origenes' Homilie zum Anlass genommen, um ihr materialistisches Dogma einzufügen, wonach kein Lebewesen ohne *materiellen* Körper existieren kann. Ihre entsprechenden Entstellungen der ursprünglichen, präzisierenden Erläuterungen von Origenes lauten folgendermassen:

> *Denn da alles, was Gott erschaffen wollte, aus Geist und Körper bestehen sollte, aus diesem Grund heisst es, der Himmel – das heisst alle geistige Wesenheit, auf der wie auf einer Art Thron und Sessel Gott ruht – sei im Anfang und vor allen Dingen erschaffen worden. Doch der Himmel hier, das heisst das Gewölbe [bzw. die „Feste"], ist körperlich. Daher ist der erste Himmel, den wir geistig genannt haben, unser Bewusstsein, das ja selbst Geist ist, das heisst unser geistiger Mensch, der Gott schaut und erkennt. Jener körperliche Himmel aber, der Gewölbe heisst, ist unser äusserer Mensch, der körperlich wahrnimmt.* [145]

In vollständigem Widerspruch zu Origenes' theologischen Lehren, nach welchen Gott durch Christus zunächst auschliesslich die hohe jenseitige Welt erschaffen liess (mit Abermilliarden von Vernunftwesen, die einen „himmlischen", aber gerade keinen materiellen Leib besitzen) und es bei dieser himmlischen Schöpfung geblieben wäre, wenn nicht das Wirken von Luzifer und seiner Anhänger die zusätzliche Erschaffung der Unterwelt sowie der materiellen Welt notwendig gemacht hätte, wird in dem zitierten und von den Verfälschern entstellten Abschnitt – zumindest implizit – behauptet, Gott habe neben der himmlischen Schöpfung zusätzlich die materielle Welt erschaffen müssen, weil nach Gottes Willen *alles aus Geist und materiellem Körper bestehen sollte*; in diesem Sinne stelle die himmlische Schöpfung das Bewusstsein der auf dieser Welt inkarnierten geistigen Menschen dar. Diese Entstellungen der Verfälscher legen beredtes Zeugnis vom Grad ihrer Dogmatisierung ab,

---

[145] Homilie 1, 2 zum Buch Genesis, S. 29ff.

der es ihnen verunmöglichte, Origenes' theologische Lehren zu begreifen, und sie dazu verleitete, Origenes' ursprünglichen Darlegungen durch nachträgliche Einfügungen in ihr Gegenteil zu verkehren: Während Origenes in seiner Homilie zum Buch Genesis ursprünglich – wie oben dargelegt – die „Feste" bzw. den „Himmel", welche gemäss Genesis 1, 6–9 die „Wasser über der Feste" von den „Wassern unter der Feste" scheidet, als Sinnbild für den geistigen bzw. „himmlischen" Menschen verwendete[146] (d.h. für den Geist eines Menschen, der auf die hohe jenseitige Welt ausgerichtet, aber in einen irdisch-materiellen Körper inkarniert ist) und gerade nicht auf den körperlichen (d.h. fleischlich-materiellen) Menschen bezog, setzten die Verfälscher im soeben zitierten Abschnitt die „Feste" bzw. den „Himmel" mit dem körperlichen Menschen gleich ("Jener körperliche Himmel aber, der Gewölbe [bzw. „Feste"] heisst, ist unser äusserer Mensch, der körperlich wahrnimmt").

Die theologische Erkenntnis von Origenes, dass die sog. ersten beiden „Tage" der Genesis von ganzen *Epochen* der Schöpfungsgeschichte handeln, die für menschliche Begriffe unermeslich lange Zeiträume umfassen (Gottes Zuwarten in der hohen jenseitigen Welt vor dem Engelsturz, das Ereignis des Engelsturzes und die Scheidelinie zwischen der hohen jenseitigen Welt und dem Hades) muss Auswirkungen auf Origenes' Verständnis der in der Genesis behandelten sieben „Tage" gezeitigt haben. Dementsprechend war ihm bewusst, dass diese „Tage" in keiner Weise im irdisch-materiellen Sinn und damit als 24 irdische Stunden zu verstehen sind. Unter Einbezug der Schilderungen, die in Genesis 1, 9ff. enthalten sind und die vom dritten bis zum siebten „Tag" handeln, drängt sich sogar die Frage auf, ob diese „Tage" nicht primär zeitlich, sondern im Sinne von „göttlichen Entwicklungsplänen für die Aufstiegsstufen der in die Unterwelt Verbannten" aufzufassen

---

[146] Dass Origenes die „Feste" bzw. den „Himmel", welche gemäss Genesis 1, 6–9 die „Wasser über der Feste" von den „Wassern unter der Feste" scheidet, auf den Geist des Menschen und gerade nicht auf das Äussere des Menschen (d.h. auf seinen fleischlich-materiellen Körper) bezog, geht auch eindeutig aus der folgenden Stelle seiner Homilie zum Buch Genesis hervor: „Wir wollen aber auch begreifen, wie eben diese Geschöpfe in unserem Himmelsgewölbe entstehen, das heisst in der Festigkeit unserer Geistes oder Herzens" [Homilie 1, 8 zum Buch Genesis, S. 41].

sind, dies aufgrund der folgenden Überlegungen: Das irdische Pflanzenreich (dritter „Tag“) und das irdische Tierreich (fünfter und sechster „Tag“) befinden sich in einer stetigen Entwicklung, indem alte Arten aussterben und neue entstehen, so dass nicht nur bis zum heutigen Tag, sondern bis in die weite Zukunft hinein nicht von einer abgeschlossenen Erschaffung des Pflanzen- und Tierreiches und damit auch nicht vom Abschluss bzw. von der Vollendung des dritten, fünften und sechsten „Tages“ gesprochen werden kann. Es stellt sich die textkritische Frage, ob im Verlauf der Überlieferung des Bibeltextes nicht Kürzungen und Veränderungen vorgenommen wurden und ursprünglich gar ein anderer Begriff als derjenige des „Tages“ verwendet wurde. Sehr aufschlussreich in diesem Zusammenhang ist, dass Didymos als Nachfolger von Origenes in der folgenden Stelle seines Genesiskommentares hervorhebt, dass diese „sechs Tage“ nicht als Teil einer zeitlichen Darstellung verstanden werden sollten:

> *We should think of the six days not as though cited as part of a chronological presentation but as a rational basis peculiar to God's creation and the force of the number.* [147]

> *„This is the book about the origin of heaven and earth when they were created on the day when God made heaven and earth“ [Gn 2,4] – not that heaven and earth were made in a day but in the beginning, nor that all things came into existence in a single day. Instead, the meaning is that [...] this number was adopted, as I said, for reasons of order and harmony, and in addition on account of our limitations and inability to understand in a way other than what suits us.* [148]

Origenes stellte zu einer weiteren Passage, die im Rahmen des sechsten „Tages“ der Schöpfungsgeschichte der Genesis überliefert wurde, textkritische Überlegungen an, indem er aufzeigte, dass diese Passage (Genesis 1, 27) aufgrund ihres Inhaltes auf eine ganz andere Zeitepoche als den sechsten „Tag“ zu beziehen ist und damit falsch eingeordnet wurde. Genesis 1, 27 lautet folgendermassen:

> *Und Gott schuf den Menschen nach seinem Bilde, nach dem Bilde Gottes schuf er ihn; als Mann und Weib schuf er sie.*

---

[147] Genesiskommentar I, 92, S. 44.

[148] Genesiskommentar I, 94, S. 45.

Origenes legte dar, dass diese Passage aufgrund ihres Inhaltes gerade nicht von der Erschaffung der fleischlich-materiellen Körper der Menschen handelt und damit auch nicht in den Kontext der Erschaffung der materiellen Welt und ihrer Lebensformen einzuordnen ist, sondern sich auf die Erschaffung der vernunftbegabten Persönlichkeiten der hohen jenseitigen Welt durch Christus und damit auf die *Zeit vor dem Engelsturz* bezieht:

> *Etwas noch weit Herausragenderes entdecke ich bei der Erschaffung des Menschen, was ich an keiner anderen Stelle ausgesprochen finde: „Und Gott schuf den Menschen, nach dem Bild Gottes schuf er ihn." Dies finden wir weder beim Himmel noch bei der Erde noch bei Sonne und Mond festgehalten. Unter diesem Menschen, von dem die Schrift sagt, er sei nach dem Bild Gottes erschaffen, verstehen wir gewiss nicht den leiblichen. [...] Der aber, der nach dem Bild Gottes erschaffen wurde, ist unser innerer Mensch, unsichtbar [ohne einen irdisch-materiellen Körper], unverderblich, unsterblich. Denn in eben diesen Eigenschaften lässt sich Gottes Bild mit mehr Recht erkennen. Wer aber glaubt, es sei der leibliche Mensch, der nach Gottes Bild und Gleichnis erschaffen wurde, stellt offensichtlich Gott selbst leiblich [d.h. irdisch-materiell] und in menschlicher Gestalt dar – eine ganz offenkundig frevelhafte Vorstellung von Gott. [...] „Gott schuf" also „den Menschen, nach dem Bild Gottes schuf er ihn". Wir müssen überlegen, was dieses Bild Gottes ist, und genau klären, welchem Bild ähnlich der Mensch [als vernunftbegabtes Wesen vor dem Engelsturz] erschaffen wurde. Denn die Schrift sagte nicht: Gott schuf den Menschen nach seinem Bild oder seinem Gleichnis, sondern „nach dem Bild Gottes schuf er ihn". Was anders also ist das Bild Gottes, nach dessen Gleichnis der Mensch erschaffen wurde, wenn nicht unser Erlöser, der „Erstgeborene aller Kreatur", von dem geschrieben steht, er sei „der Glanz des ewigen Lichts und das Gestalt gewordene Abbild der Wesenheit Gottes", der selbst von sich sagt: „Ich bin im Vater, und der Vater ist in mir", und: „Wer mich sieht, sieht auch den Vater"? Wie man nämlich, wenn man jemandes Bild sieht, den sieht, um dessen Bild es sich handelt, so sieht man auch durch das „Wort Gottes", das Gottes Bild ist, Gott. Und so wird wahr werden, was er gesagt*

hat: „Wer mich sieht, sieht auch den Vater." Diesem Bild ähnlich wurde der Mensch also erschaffen.[149]

Auf welche präzise und tiefgründige Weise Origenes seinen Schülern und Lesern erläuterte, in welchem Sinn Christus als das „Bild Gottes" und der Mensch (als vernunftbegabtes Wesen vor dem Engelsturz) als „Abbild" des „Bildes Gottes" aufzufassen sind, wurde in § 2 II. aufgezeigt, womit sich der Kreis der vorliegenden Untersuchung schliesst.

---

[149] Homilie 1, 13 zum Buch Genesis, S. 51ff.

Quellenverzeichnis

Didymos, Commentary on Genesis, translated by Robert C. Hill, The Fathers of the Church, volume 132, Washington, D.C.: The Catholic University of America Press 2016.
zitiert: Genesiskommentar

Didymos, Commentary on Zechariah, translated by Robert C. Hill, The Fathers of the Church, volume 111, Washington, D.C.: The Catholic University of America Press 2006.
zitiert: Sacharjakommentar

Didymos, Kommentar zu Hiob (Tura-Papyrus), Teil IV.1, herausgegeben und übersetzt von Ursula Hagedorn, Dieter Hagedorn und Ludwig Koenen, papyrologische Texte und Abhandlungen, Band 33,1, Bonn: Dr. Rudolf Habelt 1985.
zitiert: Hiobkommentar IV.1

Didymos, Psalmenkommentar (Tura-Papyrus), Teil I, herausgegeben und übersetzt von Louis Doutreleau, Adolphe Gesché und Michael Gronewald, papyrologische Texte und Abhandlungen, Band 7, Bonn: Rudolf Habelt Verlag 1969.
zitiert: Psalmenkommentar I

Didymos, Psalmenkommentar (Tura-Papyrus), Teil II, herausgegeben und übersetzt von Michael Gronewald, papyrologische Texte und Abhandlungen, Band 4, Bonn: Rudolf Habelt Verlag 1968.
zitiert: Psalmenkommentar II

Didymos, Psalmenkommentar (Tura-Papyrus), Teil III, in Verbindung mit A. Gesché herausgegeben und übersetzt von Michael Gronewald, papyrologische Texte und Abhandlungen, Band 8, Bonn: Rudolf Habelt Verlag 1969.
zitiert: Psalmenkommentar III

Didymos, Psalmenkommentar (Tura-Papyrus), Teil IV, herausgegeben und übersetzt von Michael Gronewald, papyrologische Texte und Abhandlungen, Band 6, Bonn: Rudolf Habelt Verlag 1969.
zitiert: Psalmenkommentar IV

Origenes, Contra Celsum, aus dem Griechischen übersetzt von Paul Koetschau, München: Verlag Josef Kösel & Friedrich Pustet 1926.
zitiert: Contra Celsum

Origenes, Der Kommentar zum Hohelied, eingeleitet und übersetzt von Alfons Fürst und Holger Strutwolf, Origenes, Werke mit deutscher Übersetzung, Band 9/1, Berlin/Boston: De Gruyter 2016.
zitiert: Hoheliedkommentar

Origenes, Die Homilien zum Buch Genesis, eingeleitet und übersetzt von Peter Habermehl, Origenes, Werke mit deutscher Übersetzung, Band 1/2, Berlin/Boston: De Gruyter 2011.
zitiert: Homilien zum Buch Genesis

Origenes, Die Homilien zum Buch Jeremia, eingeleitet und übersetzt von Alfons Fürst und Horacio E. Lona, Origenes, Werke mit deutscher Übersetzung, Band 11, Berlin/Boston: De Gruyter 2018.
zitiert: Homilien zum Buch Jeremia

Origenes, Die Homilien zum Buch Josua, eingeleitet und übersetzt von Marietheres Döhler und Alfons Fürst, Origenes, Werke mit deutscher Übersetzung, Band 5, Berlin/Boston: De Gruyter 2020.
zitiert: Homilien zum Buch Josua

Origenes, Die Homilien zum Ersten Buch Samuel, eingeleitet und übersetzt von Alfons Fürst, Origenes, Werke mit deutscher Übersetzung, Band 7, Berlin/Boston: De Gruyter 2014.
zitiert: Homilien zum Ersten Buch Samuel

Origenes' Johanneskommentar Buch I–V, herausgegeben, übersetzt und kommentiert von Hans Georg Thümmel, Studien und Texte zu Antike und Christentum 63, Tübingen: Mohr Siebeck 2011.
zitiert: Johanneskommentar

Origenes, Über das Gebet, eingeleitet und übersetzt von Maria-Barbara von Stritzky, Origenes, Werke mit deutscher Übersetzung, Band 21, Berlin/Boston: De Gruyter 2014.
zitiert: Über das Gebet

Origenes, Vier Bücher von den Prinzipien, herausgegeben, übersetzt, mit kritischen und erläuternden Anmerkungen versehen von Herwig Görgemanns und Heinrich Karpp, Texte zur Forschung, Band 24, Darmstadt: Wissenschaftliche Buchgesellschaft 1976.
zitiert: De principiis